전면개정판 제36회 공인중개사 시험대비

방송대학TV 무료강의 | 첫방송 2025. 7. 7.(월) 오전 7시

박문각
공인중개사

합격예상문제 2차

부동산공시법령

박문각 부동산교육연구소 편

브랜드만족
1위
박문각

근거자료
후면표기

2025

동영상강의
www.pmg.co.kr

합격까지 박문각
합격 노하우가 다르다!

박**문**각 공인중개사

이 책의 **머리말**

부동산공시법령의 일부를 구성하는 공간정보의 구축 및 관리 등에 관한 법령은 비교적 평이하게 출제되고 있는 영역입니다. 따라서 매년 반복 출제되고 있는 주요 학습테마들만 집중적으로 공략해도 확실한 고득점을 얻을 수 있으므로, 이 책에 실려 있는 문제 유형들을 넘어서는 새로운 문제들을 공부 범위에 끌어들여 학습목표를 불필요하게 넓히지 않는 것이 가장 좋은 공부방법일 것입니다.

한편, 부동산등기법은 민법원리와 혼합된 난이도 높은 응용 지문들이 다수 출제되고 있어서 수험생들이 공부하는 데 많은 어려움을 겪고 있는 영역입니다. 하지만, 이 역시 정확한 기출 분석을 통해 매년 반복되어 출제되는 중요한 학습테마들과 출제 가능성이 없는 변별력 없는 영역을 정확히 구분해 낼 수 있는 과목입니다. 따라서, 등기법을 공부할 때는 한 번 출제되고 사라지는 변별력 없는 기출 지문, 난이도 조절을 위해 배치된 의미 없는 기출지문, 출제된 적 없는 지엽적인 심화 지문 등은 철저하게 가려가면서 효율성 있는 공부를 해야 좋은 결과를 얻을 수 있습니다. 특히, 합격자 수를 조절하기 위해 출제된 변별력 없는 극상 문제유형들은 수험생 입장에서는 공략 대상이 아니란 점을 유의하여야 합니다.

본서에 실려 있는 문제들은 위와 같은 일관된 출제경향을 충실히 반영하여, 가장 효율적인 학습 범위와 방법을 제시하는 데 중점을 두었습니다. 따라서 기출분석특강을 통해 기본 실력을 갖춘 수험들이 이 책으로 실전연습을 한다면 실제 시험장에서 충분히 좋은 결과가 있을 것으로 예상합니다.

2025년 4월
편저자 씀

공인중개사 시험정보

시험일정 및 시험시간

1. 시험일정 및 장소

구 분	정기접수	빈자리접수	시험시행일	합격자발표
일 정	2025. 8. 4. ~8. 8.	2025. 9. 29. ~9. 30.	2025. 10. 25.	2025. 11. 26.
장 소	원서 접수시 수험자가 시험지역 및 시험장소를 직접 선택			

TIP 1. 제1·2차 시험이 동시접수·시행·발표됨
2. 빈자리 접수는 정기접수 환불로 발생한 수용인원 범위 내에서 선착순으로만 이루어져 조기 마감될 수 있음

2. 시험시간

구 분	교 시	시험과목 (과목당 40문제)	시험시간	
			입실시간	시험시간
제1차 시험	1교시	2과목	09:00까지	09:30~11:10(100분)
제2차 시험	1교시	2과목	12:30까지	13:00~14:40(100분)
	2교시	1과목	15:10까지	15:30~16:20(50분)

* 수험자는 반드시 입실시간까지 입실하여야 함(시험 시작 이후 입실 불가)
* 개인별 좌석배치도는 입실시간 20분 전에 해당 교실 칠판에 별도 부착함
* 위 시험시간은 일반응시자 기준이며, 장애인 등 장애유형에 따라 편의제공 및 시험시간 연장가능(장애 유형별 편의제공 및 시험시간 연장 등 세부내용은 큐넷 공인중개사 홈페이지 공지사항 참조)
* 2차만 응시하는 시간연장 수험자는 1·2차 동시응시 시간연장자의 2차 시작시간과 동일 시작

TIP 시험일시, 시험장소, 시험방법, 합격자 결정방법 및 응시수수료의 환불에 관한 사항 등은 '제36회 공인중개사 자격시험 시행공고'시 고지

응시자격 및 합격자 결정방법

1. 응시자격: 제한 없음
다만, 다음의 각 호에 해당하는 경우에는 공인중개사 시험에 응시할 수 없음
① 공인중개사시험 부정행위자로 처분 받은 날로부터 시험시행일 전일까지 5년이 경과되지 않은 자(공인중개사법 제4조의3)
② 공인중개사 자격이 취소된 후 합격자발표일까지 3년이 경과하지 않은 자(공인중개사법 제6조)
③ 이미 공인중개사 자격을 취득한 자

2. 합격자 결정방법
제1·2차 시험 공통. 매 과목 100점 만점으로 하여 매 과목 40점 이상, 전 과목 평균 60점 이상 득점한 자

TIP 제1차 시험에 불합격한 자의 제2차 시험은 무효로 함
* 제1차 시험 면제대상자: 2024년 제35회 제1차 시험에 합격한 자

시험과목 및 출제비율

구 분	시험과목	시험범위	출제비율
제1차 시험 (2과목)	부동산학개론 (부동산 감정평가론 포함)	부동산학개론 •부동산학 총론[부동산의 개념과 분류, 부동산의 특성(속성)] •부동산학 각론(부동산 경제론, 부동산 시장론, 부동산 정책론, 부동산 투자론, 부동산 금융론, 부동산 개발 및 관리론)	85% 내외
		부동산 감정평가론(감정평가의 기초이론, 감정평가방식, 부동산가격 공시제도)	15% 내외
	민법 및 민사특별법 중 부동산중개에 관련되는 규정	민 법 •총칙 중 법률행위 •질권을 제외한 물권법 •계약법 중 총칙·매매·교환·임대차	85% 내외
		민사특별법 •주택임대차보호법 •집합건물의 소유 및 관리에 관한 법률 •가등기담보 등에 관한 법률 •부동산 실권리자명의 등기에 관한 법률 •상가건물 임대차보호법	15% 내외
제2차 시험 1교시 (2과목)	공인중개사의 업무 및 부동산 거래신고 등에 관한 법령 및 중개실무	공인중개사법	70% 내외
		부동산 거래신고 등에 관한 법률	
		중개실무	30% 내외
	부동산공법 중 부동산중개에 관련되는 규정	국토의 계획 및 이용에 관한 법률	30% 내외
		도시개발법	30% 내외
		도시 및 주거환경정비법	
		주택법	40% 내외
		건축법	
		농지법	
제2차 시험 2교시 (1과목)	부동산공시에 관한 법령 및 부동산 관련 세법	부동산등기법	30% 내외
		공간정보의 구축 및 관리 등에 관한 법률 제2장 제4절 및 제3장	30% 내외
		부동산 관련 세법(상속세, 증여세, 법인세, 부가가치세 제외)	40% 내외

TIP 답안은 시험시행일에 시행되고 있는 법령을 기준으로 작성

공인중개사 개요 및 전망

"자격증만 따면 소자본만으로 개업할 수 있고 '나'의 사업을 능력껏 추진할 수 있다."

공인중개사는 자격증만 따면 개업하고, 적당히 돌아다니기만 해도 적지 않은 수입을 올릴 수 있는 자유직업. 이는 뜬구름 잡듯 공인중개사가 되려는 사람들의 생각인데 천만의 말씀이다. 예전에도 그랬고 지금은 더하지만 공인중개사는 '부동산 전문중개인다워야' 제대로 사업을 유지할 수 있고 괜찮은 소득도 올릴 수 있는 최고의 자유직업이 될 수 있다.

고소득 전문직업으로 정착

노후대책 마련으로
최고의 자격증

공인중개사

여성의 장점을 십분
발휘할 수 있는 평생직업

부동산 시장 변화에 따른
역할 확대

공인중개사의 업무범위 확장
(법원 경매 및 공매 대행)

"자격증 취득하면 무슨 일 할까?"

공인중개사 자격증에 대해 사람들이 가장 많이 궁금해하는 점이 바로 '취득 후 무슨 일을 하나'이다. 하지만 공인중개사 자격증 취득 후 선택할 수 있는 직업군은 생각보다 다양하다.

개업공인중개사로서의 공인중개사 업무는 알선·중개 외에도 중개부동산의 이용이나 개발에 관한 지도 및 상담(부동산컨설팅)업무도 포함된다. 부동산중개 체인점, 주택 및 상가의 분양대행, 부동산의 관리대행, 경매 및 공매대상 부동산 취득의 알선 등 부동산의 전문적 컨설턴트로서 부동산의 구입에서 이용, 개발, 관리까지 폭넓은 업무를 다룰 수 있다.

1 취 업
- 온라인 부동산 포털회사 취업
- 개인사무소, 합동사무소 취업
- 정부재투자기관 취업
- 부동산 관련기업 취업
- 은행 등 부동산 금융파트 취업 등

2 컨설팅
- 부동산투자분석 컨설팅
- 부동산 관련법규 및 세제 자문 등
- 부동산 자산관리 및 매매대행

3 창 업
- 개인사무소 창업
- 합동사무소 창업

공인중개사 공략법

📖 학습 정도에 따른 공략법

type 01
입문자의 경우

공인중개사 시험 준비 경험이 전혀 없는 상태라면 먼저 시험에 대한 전체적인 파악과 과목에 대한 이해가 필요하다. 서점에서 공인중개사 관련 서적을 살펴보고 공인중개사 시험에 대한 대략적 지식을 쌓은 후 학원에서 수험상담을 받는 것이 좋다.

type 02
학습경험이 있는 경우

잠시라도 손을 놓으면 실력이 급격히 떨어질 수 있으므로 문제풀이를 통해 학습한 이론을 정리하고, 안정적 실력 향상을 위해 꾸준히 노력해야 한다. 강의 또한 평소 취약하다고 느끼는 과목에 대해 집중 심화학습을 해야 한다. 정기적인 모의고사를 실시하여 결과에 따라 약점을 보완하는 동시에 성적이 잘 나오는 과목에 대해서도 소홀하지 않도록 지속적인 복습을 해야 한다.

type 03
시간이 부족한 직장인 또는 학생의 경우

시험에 올인하는 수험생에 비해 절대적으로 학습시간이 부족하므로 시간을 최대한 아껴가며 효율적으로 공부하는 방법을 찾는 것이 무엇보다도 중요하다. 평소에는 동영상 강의 등을 활용하여 과목별 이해도를 높이고 자투리 시간을 활용하여 지하철이나 버스 안에서 자기만의 암기카드, 핸드북 등을 보며 학습하는 것이 좋다. 주말은 주로 기본이론보다는 주중에 학습한 내용의 심화학습 위주로 공부해야 한다.

🎯 **학습 방법**에 따른 공략법

type **01**

독학할 경우

 >   +

신뢰할 수 있는 기본서를 선택하여 기본이론을 충실히 학습하면서 문제집 또는 모의고사집을 통하여 실전에 필요한 문제풀이 방법을 터득하는 것이 관건이다. 주기적으로 모의고사 등에 응시하여 자신의 실력을 확인하면서 체계적인 수험계획을 세우고 이에 따라서 공부하여야 한다.

TIP 관련 법령 개정이 잦은 공인중개사 시험의 특성상 시험 전 최신 수험정보를 확인해 보는 자세가 필요하다.

※ 최신 수험정보 및 수험자료는 박문각 홈페이지(www.pmg.co.kr)에서 박문각출판 참고

type **02**

학원강의를 수강할 경우

 >   +

보통 학원에서는 2달을 기준으로 기본서, 문제집, 모의고사 등에 관련된 강의가 개설·진행되는데 그에 맞춰서 수험 전체의 일정을 잡는 것이 좋다. 학원수업 후에는 개인공부를 통해 실력을 쌓아 나가고, 쉬는 날에도 공부의 흐름을 놓치지 않도록 그 주에 공부한 부분을 가볍게 훑어보는 것이 좋다. 학원 내 스터디 모임과 학원의 전문상담원을 통하여 수험정보를 빠르고 쉽게 접할 수 있는 장점도 있다.

type **03**

동영상강의를 수강할 경우

동영상을 통하여 이론 강의와 문제풀이 강의를 동시에 수강할 수도 있고, 단원별로 이론강의 수강 후에 문제풀이 강의로 즉시 실력을 점검할 수도 있다. 그리고 이해가 안 되거나 어려운 부분은 책갈피해 두었다가 다시 볼 수 있다. 패키지 강좌, 프리미엄 강좌 등을 이용하면 강의료가 할인된다.

※ 공인중개사 동영상강의: www.pmg.co.kr
  박문각 공인중개사 전화문의: 02-6466-7201

제35회 공인중개사 시험총평

2024년 제35회 공인중개사 시험
"전년도에 비해 난이도가 상승하였다."

제35회 공인중개사 시험에서 1차 과목인 부동산학개론은 지엽적이고 어려운 문제가 앞부분에 집중 배치되었고 계산문제와 2차 과목의 문제도 다수 출제되어 전년도에 비해 어려웠고, 민법은 예년보다 다소 쉽게 출제되었지만, 최근 판례들을 응용한 문제들이 출제되어 체감 난이도는 전년도와 비슷하였다.

2차 과목은 전반적으로 어려웠으나 부동산세법은 기본개념, 논점 위주로 출제되어 기본서를 바탕으로 꾸준히 학습을 했다면 충분히 합격할 수 있을 난이도였다. 반면 공인중개사법·중개실무, 부동산공법, 부동산공시법령은 고난도 문제와 생소한 유형의 문제가 대거 출제되어 수험생들의 체감 난이도는 예년에 비해 훨씬 높아졌다고 할 수 있다.

제35회 시험의 과목별 출제 경향은 다음과 같다.

부동산학개론은 계산문제, 2차 과목 문제 등 지엽적이고 어려운 문제가 다수 출제되어 작년보다 어려운 시험이었다.

민법·민사특별법은 최근 판례들을 응용한 문제들이 다수 출제되어 체감 난이도가 다소 높았던 시험이었다.

2차

공인중개사법·중개실무는 전반적으로 전년도와 비슷한 난이도로 출제되었으나, 시험범위를 벗어난 문제가 다소 출제되어 체감 난이도가 높아졌다.

부동산공법은 일부 법률에서 최근 출제된 적 없는 계산문제와 매우 지엽적인 문제가 출제되어 전체적인 난이도가 많이 상승했다.

'공간정보관리법'은 몇 문제 외에는 비교적 평이한 난이도를 유지했고, '부동산등기법'은 지금까지 출제된 적 없던 유형의 문제들이 절반 가까이 출제되어 어려웠다.

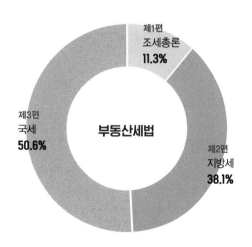

부동산세법은 기본개념을 이해하였는지를 중점적으로 물어보았고 단순 법조문을 묻는 문제, 사례형 문제, 계산문제를 혼합하여 출제하였다.

출제경향 분석 및 수험대책

🖥 어떻게 출제되었나?

▶ 출제경향 분석

구 분		제31회	제32회	제33회	제34회	제35회	총 계	비율(%)
공간정보의 구축 및 관리 등에 관한 법률	지적제도 총칙							0.0
	토지의 등록	1	4	2	3	5	15	12.0
	지적공부	4	4	5	2	3	18	15.2
	토지의 이동 및 지적정리	5	1	4	4	4	18	15.2
	지적측량	2	3	1	3		9	7.6
	소 계	12	12	12	12	12	60	50.0
부동산등기법	등기제도 총칙							0.0
	등기의 기관과 설비		1	1			2	1.7
	등기절차 총론	4	3	4	4	2	17	14.3
	각종의 등기절차 (I)	6	4	3	5	3	20	16.7
	각종의 등기절차 (II)	2	4	4	3	7	21	17.3
	소 계	12	12	12	12	12	60	50.0
총 계		24	24	24	24	24	120	100.0

▶ 시험총평

제35회 시험에서 '공간정보의 구축 및 관리에 관한 법률'은 비교적 쉽게 출제되었고, '부동산등기법'은 어렵게 출제되었다.

먼저 공간정보의 구축 및 관리 등에 관한 법률의 경우, 항상 반복 출제되던 학습테마인 토지의 등록, 지적공부, 토지의 이동에서 대부분의 문제가 평이하게 출제되었다. 다만, 분할지역의 면적결정방법, 축척변경의 확정공고 사항 등을 물은 문제들은 수험생들이 풀 수 없는 변별력 없는 문제들이었다.

한편, 항상 높은 난이도를 유지해 오던 부동산등기법은 이번에도 지금까지 한 번도 출제되지 않았던 유형의 변별력 없는 문제들이 절반 가까이 출제되었는데, 지역권에 관한 등기사항, 환매특약등기, 공동저당에 관한 내용, 관공서의 촉탁등기에 관련된 문제들이 여기에 해당한다. 그리고, 나머지 절반 이상은 늘 반복하여 출제되던 주요 테마를 다른 문제들로 채워졌다.

📋 이렇게 준비하자!

▶ 공간정보의 구축 및 관리 등에 관한 법률

공간정보의 구축 및 관리 등에 관한 법률은 법령에 규정된 내용을 중심으로 비교적 평이하게 출제되는 과목이다. 수험생 입장에서 풀 수 없는 변별력 없는 문제들도 2~4문제 정도 출제되고 있지만, 이 문제들은 수험생 입장에서는 공략대상도 아닌데다가 전체적인 출제비중도 높지 않은 편이다. 따라서 매년 반복되어 출제되는 주요 테마들만 정확히 숙지한다면 대부분 고득점을 얻어낼 수 있는 전략과목이 될 수 있다. 제36회 시험에서도 토지의 등록사항(지번·지목·경계·면적), 지적공부의 등록사항, 토지의 이동(신규등록·등록전환·분할·합병·지목변경의 사유·등록사항의 정정 등), 지적공부의 정리, 지적측량 적부심사 절차 등의 내용에 중점을 두어 조문을 중심으로 간결하게 공부한다면 충분히 고득점을 얻을 수 있는 과목이다.

▶ 부동산등기법

부동산등기법은 판례와 예규까지 범위를 넓힌 변별력 없는 문제들이 매년 절반 가까이 출제되고 있는데, 수험생 입장에서는 공략할 수 없는 문제유형들이다. 하지만 등기사항, 등기의 효력, 집합건물의 등기기록, 단독신청, 직권등기, 소유권보존등기에 관한 소유권증명정보, 상속 및 유증에 의한 소유권이전등기, 권리의 변경등기, 말소등기, 부기등기, 가등기 등에 관한 내용은 거의 빠짐없이 출제되는 중요한 학습테마들이다. 제36회 시험에서도 이 부분들만 집중 공략하는 전략을 세운다면 많지 않은 시간을 투자하여 합격에 필요한 충분한 목표 점수를 얻을 수 있다. 변별력 없는 문제유형들을 공략하려는 목표를 세워서는 안된다는 점을 특히 유의하여야 한다.

이 책의 구성 및 특징

01 | 실전에 강한 기출·예상문제

실전예상문제

철저한 최신출제경향 분석을 통해 출제가능성이 높은 문제를 수록함으로써 실전능력을 기를 수 있도록 하였다.

대표유형

단원 내에서 키워드가 유사한 문제를 모아 테마를 만들고, 그 테마를 대표하는 문제를 통해 시험에 자주 출제되는 문제의 유형을 제시하였다.

난이도·핵심키워드

난이도를 3단계로 표시하고 핵심키워드를 통해 보다 정확한 문제 분석을 제시함으로써 수험생 스스로 셀프테스트가 가능하도록 구성하였다.

Chapter 01 토지의 조사 및 등록

제1절 토지의 조사 및 등록

대표유형

공간정보의 구축 및 관리 등에 관한 법령상 토지의 조사·등록 등에 관한 내용이다. (　)에 들어갈 사항으로 옳은 것은?　　제23회

(㉠)은(는) (㉡)에 대하여 필지별로 소재·지번·지목·면적·경계 또는 좌표 등을 조사·측량하여 지적공부에 등록하여야 한다. 지적공부에 등록하는 지번·지목·면적·경계 또는 좌표는 (㉢)이 있을 때 토지소유자의 신청을 받아 (㉣)이 결정한다.

① ㉠: 지적소관청, ㉡: 모든 토지, ㉢: 토지의 이용, ㉣: 국토교통부장관
② ㉠: 지적측량수행자, ㉡: 관리 토지, ㉢: 토지의 이동, ㉣: 국토교통부장관
③ ㉠: 지적측량수행자, ㉡: 모든 토지, ㉢: 토지의 이동, ㉣: 지적소관청
④ ㉠: 국토교통부장관, ㉡: 관리 토지, ㉢: 토지의 이용, ㉣: 지적소관청
⑤ ㉠: 국토교통부장관, ㉡: 모든 토지, ㉢: 토지의 이동, ㉣: 지적소관청

해설 (㉠ 국토교통부장관)은 (㉡ 모든 토지)에 대하여 필지별로 소재·지번·지목·면적·경계 또는 좌표 등을 조사·측량하여 지적공부에 등록하여야 한다. 지적공부에 등록하는 지번·지목·면적·경계 또는 좌표는 (㉢ 토지의 이동)이 있을 때 토지소유자의 신청을 받아 (㉣ 지적소관청)이 결정한다.　　◆ 정답 ⑤

01 공간정보의 구축 및 관리 등에 관한 법령상 지번에 관한 설명으로 옳은 것은?
●—
지번
① 지번은 본번(本番)과 부번(副番)으로 구성하며, 북동에서 남서로 순차적으로 부여한다.
② 분할의 경우에는 분할된 필지마다 새로운 본번을 부여한다.
③ 지적소관청이 지번을 변경하기 위해서는 국토교통부장관의 승인을 받아야 한다.
④ 임야대장 및 임야도에 등록하는 토지의 지번은 숫자 뒤에 '산'자를 붙인다.
⑤ 지적소관청은 합병 등으로 지번에 결번이 생긴 때에는 지체 없이 그 사유를 결번대장에 적어야 한다.

02 | 정확하고 명쾌한
정답 및 해설

PART 01 공간정보의 구축 및 관리 등에 관한 법률

제1장 토지의 조사 및 등록

Answer

01 ④	02 ①	03 ②	04 ②	05 ⑤	06 ④	07 ③	08 ③	09 ④	10 ④
11 ④	12 ⑤	13 ⑤	14 ②	15 ③	16 ⑤	17 ①	18 ③	19 ④	20 ③
21 ④	22 ①	23 ②	24 ②	25 ④	26 ⑤	27 ①	28 ①	29 ②	30 ④
31 ②	32 ②	33 ④	34 ③	35 ⑤	36 ④	37 ②	38 ⑤		

01 ④ 지적소관청은 토지의 이동현황을 직권으로 조사·측량하여 토지의 지번·지목·면적·경계 또는 좌표를 결정하려는 때에는 토지이동현황 조사계획을 수립하여야 한다. 시·도지사 또는 대도시 시장의 승인을 받을 필요는 없다.

02 ② 지적소관청은 토지의 이동현황을 직권으로 조사·측량하여 토지의 지번·지목·면적·경계 또는 좌표를 결정하려는 때에는 **토지이동현황 조사계획**을 수립하여야 한다(규칙 제59조 제1항).
③ 지적소관청은 지번을 변경하려면 지번변경 사유를 적은 승인신청서에 지번변경 대상지역의 지번·지목·면적·소유자에 대한 상세한 내용을 기재하여 **시·도지사 또는 대도시 시장**에게 제출하여야 한다(영 제57조 제1항).
④ 토지가 일시적 또는 임시적인 용도로 사용되는 경우에는 토지소유자의 신청이 있더라도 지목을 변경할 수 없다(영 제59조 제2항).
⑤ 지적도의 축척이 600분의 1인 지역과 경계점좌표등록부에 등록하는 지역의 토지 면적은 제곱미터 이하 한 자리 단위로 하되, 0.1제곱미터 미만의 끝수가 있는 경우 0.05제곱미터 미만일 때에는 버리고 0.05제곱미터를 초과할 때에는 올리며, 0.05제곱미터일 때에는 구하려는 끝자리의 숫자가 0 또는 짝수이면 버리고 홀수이면 올린다. 다만, 1필지의 면적이 0.1제곱미터 미만일 때에는 0.1제곱미터로 한다(영 제60조 제1항 제2호).

03 ② 지적공부에 등록하는 지번·지목·면적·경계 또는 좌표는 토지의 이동이 있을 때 토지소유자(법인이 아닌 사단이나 재단의 경우에는 그 대표자나 관리인을 말한다. 이하 같다)의 신청을 받아 지적소관청이 결정한다.

04 ② 토지이동현황 조사계획은 시·군·구별로 수립하되, 부득이한 사유가 있는 때에는 읍·면·동별로 수립할 수 있다.

효율적 지면 구성

문제풀이에 방해되지 않도록 문제와 해설·정답을 분리하여 수록하였고 편리한 학습을 위하여 책속의 책 형태로 구성하였다.

상세한 해설

문제의 핵심을 찌르는 정확하고 명쾌한 해설은 물론, 문제와 관련하여 더 알아두어야 할 내용을 제시함으로써 문제풀이의 효과를 극대화하고자 하였다.

CONTENTS

이 책의 차례

PART 01

공간정보의
구축 및
관리 등에
관한 법률

제1장 토지의 조사 및 등록 · · · · 20

제2장 지적공부 · · · · 40

제3장 토지의 이동 · · · · 54

제4장 지적측량 · · · · 81

제1장 등기절차 총론 · · · · 94

제2장 소유권에 관한 등기 · · · · 111

제3장 소유권 외의 권리에 관한 등기 · · · · 125

제4장 각종의 등기절차 · · · · 132

제35회 기출문제 · · · · 156

▶ 방송시간표 · · · · 168

PART 02

부동산등기법

부록

지적측량
(7.6%)

토지의 등록
(12.0%)

토지의 이동
및 지적정리
(15.2%)

지적공부
(15.2%)

■ 지적제도 총칙(0.0%)

🔖 최근 5개년 출제경향 분석

조문을 중심으로 비교적 평이하게 출제되고 있는 영역이다. 따라서, 매년 반복 출제되고 있는 주요 테마들만 정확히 공략해도 확실한 고득점을 얻어낼 수 있다. 제36회 시험에서도 토지의 등록사항(지번·지목·경계·면적), 지적공부의 등록사항, 토지의 이동(신규등록·등록전환·분할·합병·지목변경의 사유·등록사항의 정정 등), 지적공부의 정리, 지적측량 적부심사 절차 등의 내용에 중점을 두어 조문을 중심으로 간결하게 공부한다면, 많은 공부 시간과 노력을 낭비하지 않더라도 좋은 결과를 얻을 수 있을 것으로 예상된다.

PART

01

공간정보의 구축 및
관리 등에 관한 법률

제1장 토지의 조사 및 등록
제2장 지적공부
제3장 토지의 이동
제4장 지적측량

토지의 조사 및 등록

제1절 토지의 조사 및 등록

대표유형

1. 공간정보의 구축 및 관리 등에 관한 법령상 토지의 조사·등록 등에 관한 내용이다. (   )에 들어갈 사항으로 옳은 것은? 제23회

(㉠)은(는) (㉡)에 대하여 필지별로 소재·지번·지목·면적·경계 또는 좌표 등을 조사·측량하여 지적공부에 등록하여야 한다. 지적공부에 등록하는 지번·지목·면적·경계 또는 좌표는 (㉢)이 있을 때 토지소유자의 신청을 받아 (㉣)이 결정한다.

① ㉠: 지적소관청,   ㉡: 모든 토지, ㉢: 토지의 이용, ㉣: 국토교통부장관
② ㉠: 지적측량수행자, ㉡: 관리 토지, ㉢: 토지의 이동, ㉣: 국토교통부장관
③ ㉠: 지적측량수행자, ㉡: 모든 토지, ㉢: 토지의 이동, ㉣: 지적소관청
④ ㉠: 국토교통부장관, ㉡: 관리 토지, ㉢: 토지의 이용, ㉣: 지적소관청
⑤ ㉠: 국토교통부장관, ㉡: 모든 토지, ㉢: 토지의 이동, ㉣: 지적소관청

해설 (㉠ 국토교통부장관)은 (㉡ 모든 토지)에 대하여 필지별로 소재·지번·지목·면적·경계 또는 좌표 등을 조사·측량하여 지적공부에 등록하여야 한다. 지적공부에 등록하는 지번·지목·면적·경계 또는 좌표는 (㉢ 토지의 이동)이 있을 때 토지소유자의 신청을 받아 (㉣ 지적소관청)이 결정한다. ❶ 정답 ⑤

2. 토지의 이동이 있을 때 토지소유자의 신청이 없어 지적소관청이 토지의 이동현황을 직권으로 조사·측량하여 토지의 지번·지목·면적·경계 또는 좌표를 결정하기 위해 수립하는 계획은? 제32회

① 토지이동현황 조사계획   ② 토지조사계획
③ 토지등록계획   ④ 토지조사·측량계획
⑤ 토지조사·등록계획

해설 ① 지적소관청은 토지의 이동현황을 직권으로 조사·측량하여 토지의 지번·지목·면적·경계 또는 좌표를 결정하려는 때에는 토지이동현황 조사계획을 수립하여야 한다. ❶ 정답 ①

01
토지의 조사 및 등록

「공간정보의 구축 및 관리 등에 관한 법률」상 토지의 조사·등록에 관한 설명으로 틀린 것은?

① 지적공부에 등록하는 지번·지목·면적·경계 또는 좌표는 토지의 이동이 있을 때 토지소유자의 신청을 받아 지적소관청이 결정한다. 다만, 신청이 없으면 지적소관청이 직권으로 조사·측량하여 결정할 수 있다.

② 국토교통부장관은 모든 토지에 대하여 필지별로 소재·지번·지목·면적·경계 또는 좌표 등을 조사·측량하여 지적공부에 등록하여야 한다.

③ 토지이동현황 조사계획은 시·군·구별로 수립하여야 한다.

④ 지적소관청은 토지의 이동현황을 직권으로 조사·측량하여 토지의 지번·지목·면적·경계 또는 좌표를 결정하려는 때에는 토지이동현황 조사계획을 수립하여 시·도지사 또는 대도시 시장의 승인을 받아야 한다.

⑤ 지적소관청은 토지이동현황 조사계획에 따라 토지의 이동현황을 조사한 때에는 토지이동 조사부에 토지의 이동현황을 적어야 한다.

02
토지의 조사 및 등록

공간정보의 구축 및 관리 등에 관한 법령상 토지의 등록 등에 관한 설명으로 옳은 것은?

① 지적공부에 등록하는 지번·지목·면적·경계 또는 좌표는 토지의 이동이 있을 때 토지소유자의 신청을 받아 지적소관청이 결정하되, 신청이 없으면 지적소관청이 직권으로 조사·측량하여 결정할 수 있다.

② 지적소관청은 토지의 이용현황을 직권으로 조사·측량하여 토지의 지번·지목·면적·경계 또는 좌표를 결정하려는 때에는 토지이용계획을 수립하여야 한다.

③ 토지소유자가 지번을 변경하려면 지번변경 사유와 지번변경 대상토지의 지번·지목·면적에 대한 상세한 내용을 기재하여 지적소관청에 신청하여야 한다.

④ 지적소관청은 토지가 일시적 또는 임시적인 용도로 사용되는 경우로서 토지소유자의 신청이 있는 경우에는 지목을 변경할 수 있다.

⑤ 지적도의 축척이 600분의 1인 지역과 경계점좌표등록부에 등록하는 지역의 1필지 면적이 1제곱미터 미만일 때에는 1제곱미터로 한다.

03 토지의 조사·등록에 관한 설명으로 틀린 것은?

토지의 조사 및 등록

① 국토교통부장관은 토지의 효율적 관리 등을 위하여 지적재조사사업을 할 수 있다.

② 지적공부에 등록하는 지번·지목·면적·경계·도로명 및 건물번호의 변경이 있을 때 토지소유자의 신청을 받아 국토교통부장관이 결정한다.

③ 지적소관청은 「도시개발법」에 따른 도시개발사업에 따라 새로 지적공부에 등록하는 토지에 대하여는 경계점좌표등록부를 작성하고 갖춰 두어야 한다.

④ 지적소관청은 지번변경의 사유로 지번에 결번이 생긴 때에는 결번대장에 적어 영구히 보존하여야 한다.

⑤ 토지의 지상 경계는 둑, 담장이나 그 밖에 구획의 목표가 될 만한 구조물 및 경계점표지 등으로 구분한다.

04 토지의 표시를 직권으로 조사·측량하여 결정하려는 절차에 관한 설명으로 틀린 것은?

토지의 조사 및 등록

① 지적소관청은 토지의 이동현황을 직권으로 조사·측량하여 토지의 지번·지목·면적·경계 또는 좌표를 결정하려는 때에는 토지이동현황 조사계획을 수립하여야 한다.

② 토지이동현황 조사계획은 시·군·구별로 수립하되, 부득이한 사유가 있는 때에는 시·도별로 수립할 수 있다.

③ 지적소관청은 토지이동현황 조사계획에 따라 토지의 이동현황을 조사한 때에는 토지이동 조사부에 토지의 이동현황을 적어야 한다.

④ 지적소관청은 토지이동현황 조사 결과에 따라 토지의 지번·지목·면적·경계 또는 좌표를 결정한 때에는 이에 따라 지적공부 정리를 하여야 한다.

⑤ 지적소관청은 지적공부를 정리하려는 때에는 토지이동 조사부를 근거로 토지이동 조서를 작성하여 토지이동정리 결의서에 첨부하여야 한다.

제**2**절 지번

대표유형

1. 공간정보의 구축 및 관리 등에 관한 법령상 지번의 구성 및 부여방법 등에 관한 설명으로 틀린 것은? 제29회

① 지번은 아라비아 숫자로 표기하되, 임야대장 및 임야도에 등록하는 토지의 지번은 숫자 앞에 "산"자를 붙인다.

② 지번은 북서에서 남동으로 순차적으로 부여한다.

③ 지번은 본번과 부번으로 구성하되, 본번과 부번 사이에 "-"표시로 연결한다.

④ 지번은 국토교통부장관이 시·군·구별로 차례대로 부여한다.

⑤ 분할의 경우에는 분할 후의 필지 중 1필지의 지번은 분할 전의 지번으로 하고, 나머지 필지의 지번은 본번의 최종 부번 다음 순번으로 부번을 부여한다.

해설 ④ 지번은 **지적소관청이** 지번부여지역별로 차례대로 부여한다. ❶ 정답 ④

2. 공간정보의 구축 및 관리 등에 관한 법령상 지번의 구성 및 부여방법 등에 관한 설명으로 틀린 것은? 제24회

① 지번은 아라비아 숫자로 표기하되, 임야대장 및 임야도에 등록하는 토지의 지번은 숫자 앞에 '산'자를 붙인다.

② 지번은 본번과 부번으로 구성하되, 본번과 부번 사이에 '-' 표시로 연결한다. 이 경우 '-' 표시는 '의'라고 읽는다.

③ 축척변경 시행지역의 필지에 지번을 부여할 때에는 그 지번부여지역에서 인접토지의 본번에 부번을 붙여서 지번을 부여하여야 한다.

④ 신규등록 대상토지가 그 지번부여지역의 최종 지번의 토지에 인접하여 있는 경우에는 그 지번부여지역의 최종 본번의 다음 순번부터 본번으로 하여 순차적으로 지번을 부여할 수 있다.

⑤ 행정구역 개편에 따라 새로 지번을 부여할 때에는 도시개발사업 등이 완료됨에 따라 지적확정측량을 실시한 지역의 지번부여방법을 준용한다.

해설 ③ 축척변경 시행지역, 지번변경지역, 행정구역 개편지역에서는 지적확정측량을 실시한 지역의 각 필지에 지번을 새로 부여하는 방법을 준용하여 지번을 부여하여야 한다. ❶ 정답 ③

05 공간정보의 구축 및 관리 등에 관한 법령상 지번에 관한 설명으로 옳은 것은?

지번

① 지번은 본번(本番)과 부번(副番)으로 구성하며, 북동에서 남서로 순차적으로 부여한다.
② 분할의 경우에는 분할된 필지마다 새로운 본번을 부여한다.
③ 지적소관청이 지번을 변경하기 위해서는 국토교통부장관의 승인을 받아야 한다.
④ 임야대장 및 임야도에 등록하는 토지의 지번은 숫자 뒤에 '산'자를 붙인다.
⑤ 지적소관청은 합병 등으로 지번에 결번이 생긴 때에는 지체 없이 그 사유를 결번대장에 적어야 한다.

06 공간정보의 구축 및 관리 등에 관한 법령상 지번의 부여 및 부여방법 등에 관한 설명으로 틀린 것은?

지번

① 지적소관청은 지번을 변경할 필요가 있다고 인정하면 시·도지사나 대도시 시장의 승인을 받아 지번부여지역의 전부 또는 일부에 대하여 지번을 새로 부여할 수 있다.
② 신규등록의 경우에는 그 지번부여지역에서 인접토지의 본번에 부번을 붙여서 지번을 부여하는 것을 원칙으로 한다.
③ 분할 후 필지 중 1필지의 지번은 분할 전의 지번으로 하고, 나머지 필지의 지번은 본번의 최종 부번 다음 순번으로 부번을 부여한다.
④ 합병 대상토지가 여러 필지로 되어 있는 경우에는 그 지번부여지역의 최종 본번의 다음 순번부터 본번으로 하여 순차적으로 지번을 부여할 수 있다.
⑤ 합병의 경우로서 토지소유자가 합병 전의 필지에 주거·사무실 등의 건축물이 있어서 그 건축물이 위치한 지번을 합병 후의 지번으로 신청할 때에는 그 지번을 합병 후의 지번으로 부여하여야 한다.

07 공간정보의 구축 및 관리 등에 관한 법령상 지적확정측량을 실시한 지역의 각 필지에 지번을 새로 부여하는 방법을 준용하는 것을 모두 고른 것은?

지번

┌───┐
│ ㉠ 지번부여지역의 지번을 변경할 때   │
│ ㉡ 행정구역 개편에 따라 새로 지번을 부여할 때   │
│ ㉢ 지적공부를 복구한 때   │
│ ㉣ 축척변경 시행지역의 필지에 지번을 부여할 때   │
│ ㉤ 등록사항정정으로 지번을 정정하여 부여할 때   │
└───┘

① ㉠   ② ㉠, ㉡, ㉢
③ ㉠, ㉡, ㉣   ④ ㉠, ㉡, ㉢, ㉣
⑤ ㉡, ㉢, ㉣, ㉤

08 공간정보의 구축 및 관리 등에 관한 법령상 신규등록에 따른 지번부여 시 그 지번부여지역의 최종 본번의 다음 순번부터 본번으로 하여 순차적으로 지번을 부여할 수 있는 경우에 해당하는 것을 모두 고른 것은?

지번

㉠ 대상토지가 여러 필지로 되어 있는 경우
㉡ 대상토지가 주거·사무실 등의 건축물이 있는 경우
㉢ 대상토지가 이미 등록된 토지와 멀리 떨어져 있어서 등록된 토지의 본번에 부번을 부여하는 것이 불합리한 경우
㉣ 대상토지가 그 지번부여지역의 최종 지번의 토지에 인접하여 있는 경우

---

① ㉠
② ㉠, ㉡
③ ㉠, ㉢, ㉣
④ ㉡, ㉢, ㉣
⑤ ㉠, ㉡, ㉢

09 공간정보의 구축 및 관리 등에 관한 법령상 지번부여에 관한 설명이다. ( ) 안에 들어갈 내용으로 옳은 것은?

지번

지적소관청은 도시개발사업 등이 준공되기 전에 사업시행자가 지번부여 신청을 하면 지번을 부여할 수 있으며, 도시개발사업 등이 준공되기 전에 지번을 부여하는 때에는 (   )에 따르되, 지적확정측량을 실시한 지역의 지번부여 방법에 따라 지번을 부여하여야 한다.

---

① 토지이동정리결의서
② 사업인가서
③ 지적도
④ 사업계획도
⑤ 토지분할조서

제 3 절 | 지 목

대표유형

1. 지목의 구분기준에 관한 설명으로 옳은 것은? 제22회

① 산림 및 원야를 이루고 있는 자갈땅 · 모래땅 · 습지 · 황무지 등의 토지는 '잡종지'로 한다.

② 물건 등을 보관하거나 저장하기 위하여 독립적으로 설치된 보관시설물의 부지와 이에 접속된 부속시설물의 부지는 '창고용지'로 한다.

③ 과수류를 집단적으로 재배하는 토지와 이에 접속된 주거용 건축물의 부지는 '과수원'으로 한다.

④ 용수 또는 배수를 위하여 일정한 형태를 갖춘 인공적인 수로 · 둑 및 그 부속시설물의 부지는 '유지'로 한다.

⑤ 지하에서 석유류 등이 용출되는 용출구와 그 유지에 사용되는 부지는 '주유소용지'로 한다.

해설 ① 산림 및 원야를 이루고 있는 자갈땅 · 모래땅 · 습지 · 황무지 등의 토지는 '임야'로 한다.
③ 과수류를 집단적으로 재배하는 토지는 '과수원'으로, 이에 접속된 주거용 건축물 부지는 '대'로 한다.
④ 용수 또는 배수를 위하여 일정한 형태를 갖춘 인공적인 수로 · 둑 및 그 부속시설물의 부지는 '구거'로 한다.
⑤ 지하에서 석유류 등이 용출되는 용출구와 그 유지에 사용되는 부지는 '광천지'로 한다. **◆ 정답 ②**

2. 지목의 구분에 관한 설명으로 옳은 것은? 제29회

① 일반 공중의 보건 · 휴양 및 정서생활에 이용하기 위한 시설을 갖춘 토지로서 「국토의 계획 및 이용에 관한 법률」에 따라 공원 또는 녹지로 결정 · 고시된 토지는 "체육용지"로 한다.

② 온수 · 약수 · 석유류 등을 일정한 장소로 운송하는 송수관 · 송유관 및 저장시설의 부지는 "광천지"로 한다.

③ 물을 상시적으로 직접 이용하여 연(蓮) · 미나리 · 왕골 등의 식물을 주로 재배하는 토지는 "답"으로 한다.

④ 해상에 인공으로 조성된 수산생물의 번식 또는 양식을 위한 시설을 갖춘 부지는 "양어장"으로 한다.

⑤ 자연의 유수(流水)가 있거나 있을 것으로 예상되는 소규모 수로부지는 "하천"으로 한다.

해설 ① 일반 공중의 보건, 휴양 및 정서생활에 이용하기 위한 시설을 갖춘 토지로서 「국토의 계획 및 이용에 관한 법률」에 따라 공원 또는 녹지로 결정, 고시된 토지는 "공원"으로 한다.
② 지하에서 온수 · 약수 · 석유류 등이 용출되는 용출구와 그 유지에 사용되는 부지는 "광천지"로 하여야 한다. 다만, 온수 · 약수 · 석유류 등을 일정한 장소로 운송하는 송수관 · 송유관 및 저장시설의 부지는 "광천지"로 할 수 없다.
④ 육상에 인공으로 조성된 수산생물의 번식 또는 양식을 위한 시설을 갖춘 부지는 "양어장"으로 한다.
⑤ 자연의 유수가 있거나 있을 것으로 예상되는 소규모 수로부지는 "구거"로 한다. **◆ 정답 ③**

3. 공간정보의 구축 및 관리 등에 관한 법령상 지목을 잡종지로 정할 수 있는 것으로만 나열한 것은? (단, 원상회복을 조건으로 돌을 캐내는 곳 또는 흙을 파내는 곳으로 허가된 토지는 제외함) 제31회

① 변전소, 송신소, 수신소 및 지하에서 석유류 등이 용출되는 용출구(湧出口)와 그 유지(維持)에 사용되는 부지

② 여객자동차터미널, 자동차운전학원 및 폐차장 등 자동차와 관련된 독립적인 시설물을 갖춘 부지

③ 갈대밭, 실외에 물건을 쌓아두는 곳, 산림 및 원야(原野)를 이루고 있는 암석지·자갈땅·모래땅·황무지 등의 토지

④ 공항·항만시설 부지 및 물건 등을 보관하거나 저장하기 위하여 독립적으로 설치된 보관시설물의 부지

⑤ 도축장, 쓰레기처리장, 오물처리장 및 일반 공중의 위락·휴양 등에 적합한 시설물을 종합적으로 갖춘 야영장·식물원 등의 토지

해설 ① 변전소, 송신소, 수신소의 지목은 '잡종지'로 하여야 하지만, 지하에서 석유류 등이 용출되는 용출구(湧出口)와 그 유지(維持)에 사용되는 부지의 지목은 '광천지'로 하여야 한다.
③ 갈대밭, 실외에 물건을 쌓아두는 곳의 지목은 '잡종지'로 하여야 하지만, 산림 및 원야(原野)를 이루고 있는 암석지·자갈땅·모래땅·황무지 등의 지목은 '임야'로 하여야 한다.
④ 공항·항만시설 부지의 지목은 '잡종지'로 하여야 하지만, 물건 등을 보관하거나 저장하기 위하여 독립적으로 설치된 보관시설물의 부지는 '창고용지'로 하여야 한다.
⑤ 도축장, 쓰레기처리장, 오물처리장의 지목은 '잡종지'로 하여야 하지만, 야영장·식물원 등의 지목은 '유원지'로 하여야 한다.
◆ 정답 ②

10 공간정보의 구축 및 관리 등에 관한 법령상 지목과 지적도면에 등록하는 부호의 연결이 틀린 것을 모두 고른 것은?
—하
지목

> ㄱ 공원 - 원   ㄴ 목장용지 - 장
> ㄷ 하천 - 하   ㄹ 주차장 - 주
> ㅁ 창고용지 - 창

① ㄴ, ㄷ, ㅁ   ② ㄴ, ㄹ, ㅁ

③ ㄷ, ㄹ, ㅁ   ④ ㄱ, ㄴ, ㄷ, ㄹ

⑤ ㄱ, ㄴ, ㄹ, ㅁ

11 공간정보의 구축 및 관리 등에 관한 법령에서 규정하고 있는 지목의 종류를 모두 고른 것은?

지번

| ㉠ 문화유적지 | ㉡ 공장용지 | ㉢ 목장용지 |
| ㉣ 학교용지 | ㉤ 사적지 | ㉥ 자연용지 |

① ㉡, ㉢, ㉣   ② ㉠, ㉡, ㉢, ㉣
③ ㉠, ㉡, ㉢, ㉥   ④ ㉡, ㉢, ㉣, ㉤
⑤ ㉡, ㉢, ㉣, ㉥

12 지목의 구분 기준에 관한 설명으로 옳은 것은?

지목

① 물을 상시적으로 이용하지 않고 닥나무·묘목·관상수 등의 식물을 주로 재배하는 토지는 "답"으로 한다.
② 온수·약수·석유류 등을 일정한 장소로 운송하는 송수관·송유관 및 저장시설의 부지는 "광천지"로 한다.
③ 아파트·공장 등 단일 용도의 일정한 단지 안에 설치된 통로 등은 "도로"로 한다.
④ 「도시공원 및 녹지 등에 관한 법률」에 따른 묘지공원으로 결정·고시된 토지는 "공원"으로 한다.
⑤ 자연의 유수가 있거나 있을 것으로 예상되는 소규모 수로부지는 "구거"로 한다.

13 공간정보의 구축 및 관리 등에 관한 법령상 지목의 구분기준에 관한 설명으로 옳은 것은?

지목

① 교통 운수를 위하여 일정한 궤도 등의 설비와 형태를 갖추어 이용되는 토지는 '철도용지'로 하고, 이에 접속된 역사(驛舍)부지는 '대'로 한다.
② 조수·자연유수·모래·바람 등을 막기 위하여 설치된 방조제·방수제·방사제·방파제 등의 부지는 '잡종지'로 한다.
③ 자연의 유수가 있거나 있을 것으로 예상되는 소규모 수로부지는 '하천'으로 한다.
④ 용수 또는 배수를 위하여 일정한 형태를 갖춘 인공적인 수로·둑 및 그 부속시설물의 부지는 '제방'으로 한다.
⑤ 물이 고이거나 상시적으로 물을 저장하고 있는 댐·저수지·소류지·호수·연못 등의 토지와 연·왕골 등이 자생하는 배수가 잘 되지 아니하는 토지는 '유지'로 한다.

14 공간정보의 구축 및 관리 등에 관한 법령상 지목의 구분기준에 관한 설명으로 옳은 것은?

지목

① 물을 상시적으로 직접 이용하여 벼·연(蓮)·미나리·왕골 등의 식물을 주로 재배하는 토지 또는 연·왕골 등이 자생하는 배수가 잘 되지 아니하는 토지는 '답'으로 한다.

② 물을 상시적으로 이용하지 않고 곡물·원예작물(과수류는 제외한다)·약초·뽕나무·닥나무·묘목·관상수 등의 식물을 주로 재배하는 토지와 식용(食用)으로 죽순을 재배하는 토지는 '전'으로 한다.

③ 사과·배·밤·호두·귤나무 등 과수류를 집단적으로 재배하는 토지와 이에 접속된 저장고 등 부속시설물의 부지 및 주거용 건축물의 부지는 '과수원'으로 한다.

④ 축산업 및 낙농업을 하기 위하여 초지를 조성한 토지와 「축산법」 제2조 제1호에 따른 가축을 사육하는 축사 등의 부지 및 주거용 건축물의 부지는 '목장용지'로 한다.

⑤ 산림 및 원야(原野)를 이루고 있는 암석지·자갈땅·모래땅·습지·황무지 등의 토지는 '잡종지'로 한다.

15 공간정보의 구축 및 관리 등에 관한 법령상 지목의 구분으로 옳은 것은?

지목

① 물을 상시적으로 직접 이용하여 벼·연(蓮)·미나리·왕골 등의 식물을 주로 재배하는 토지의 지목은 "농지"로 한다.

② 용수(用水) 또는 배수(排水)를 위하여 일정한 형태를 갖춘 인공적인 수로·둑 및 그 부속 시설물의 부지의 지목은 "제방"으로 한다.

③ 제조업을 하고 있는 공장시설물의 부지와 같은 구역에 있는 의료시설 등 부속시설물의 부지의 지목은 "공장용지"로 한다.

④ 축산업 및 낙농업을 하기 위하여 초지를 조성한 토지와 그 토지에 설치된 주거용 건축물의 부지의 지목은 "목장용지"로 한다.

⑤ 물건 등을 보관하거나 저장하기 위하여 독립적으로 설치된 보관시설물의 부지와 이에 접속된 부속시설물의 부지의 지목은 "대"로 한다.

16 공간정보의 구축 및 관리 등에 관한 법령상 지목의 구분으로 틀린 것은?

① 육상에 인공으로 조성된 수산생물의 번식 또는 양식을 위한 시설을 갖춘 부지와 이에 접속된 부속시설물의 부지의 지목은 "양어장"으로 한다.

② 물건 등을 보관하거나 저장하기 위하여 독립적으로 설치된 보관시설물의 부지와 이에 접속된 부속시설물의 부지의 지목은 "창고용지"로 한다.

③ 학교의 교사(校舍)와 이에 접속된 체육장 등 부속시설물의 부지의 지목은 "학교용지"로 한다.

④ 교통 운수를 위하여 일정한 궤도 등의 설비와 형태를 갖추어 이용되는 토지와 이에 접속된 역사(驛舍)·차고·발전시설 및 공작창(工作廠) 등 부속시설물의 부지의 지목은 "철도용지"로 한다.

⑤ 사람의 시체나 유골이 매장된 토지, 「장사 등에 관한 법률」 제2조 제9호에 따른 봉안시설과 이에 접속된 부속시설물의 부지 및 묘지의 관리를 위한 건축물의 부지의 지목은 "묘지"로 한다.

17 지목의 구분에 관한 설명으로 옳은 것은?

① 물을 정수하여 공급하기 위한 취수·저수·도수(導水)·정수·송수 및 배수 시설의 부지 및 이에 접속된 부속시설물의 부지 지목은 "수도용지"로 한다.

② 「산업집적활성화 및 공장설립에 관한 법률」 등 관계법령에 따른 공장부지 조성공사가 준공된 토지의 지목은 "산업용지"로 한다.

③ 물이 고이거나 상시적으로 물을 저장하고 있는 댐·저수지·소류지(沼溜地) 등의 토지와 연·왕골 등을 재배하는 토지의 지목은 "유지"로 한다.

④ 물을 상시적으로 이용하지 않고 곡물·원예작물(과수류 포함) 등의 식물을 주로 재배하는 토지와 죽림지의 지목은 "전"으로 한다.

⑤ 학교용지·공원 등 다른 지목으로 된 토지에 있는 유적·고적·기념물 등을 보호하기 위하여 구획된 토지의 지목은 "사적지"로 한다.

18 공간정보의 구축 및 관리 등에 관한 법령상 지목을 도로로 정할 수 없는 것은? (단, 아파트·공장 등 단일 용도의 일정한 단지 안에 설치된 통로 등은 제외함)

① 고속도로의 휴게소 부지
② 2필지 이상에 진입하는 통로로 이용되는 토지
③ 교통 운수를 위하여 일정한 궤도 등의 설비와 형태를 갖추어 이용되는 토지
④ 일반 공중(公衆)의 교통 운수를 위하여 보행이나 차량운행에 필요한 일정한 설비 또는 형태를 갖추어 이용되는 토지
⑤ 「도로법」 등 관계 법령에 따라 도로로 개설된 토지

19 공간정보의 구축 및 관리 등에 관한 법령상 지목을 '잡종지'로 정할 수 있는 기준에 대한 내용으로 틀린 것은? (단, 원상회복을 조건으로 돌을 캐내는 곳 또는 흙을 파내는 곳으로 허가된 토지는 제외함)

① 갈대밭, 실외에 물건을 쌓아두는 곳, 돌을 캐내는 곳, 흙을 파내는 곳, 야외시장 및 공동우물
② 변전소, 송신소, 수신소 및 송유시설 등의 부지
③ 쓰레기처리장 및 오물처리장, 도축장 등의 부지
④ 모래·바람 등을 막기 위하여 설치된 방사제·방파제 등의 부지
⑤ 공항시설 및 항만시설 부지

20 공간정보의 구축 및 관리 등에 관한 법령상 지목의 구분에 관한 설명으로 틀린 것은?

① 일반 공중의 보건·휴양 및 정서생활에 이용하기 위한 시설을 갖춘 토지로서 「국토의 계획 및 이용에 관한 법률」에 따라 공원 또는 녹지로 결정·고시된 토지는 "공원"으로 한다.
② 용수(用水) 또는 배수(排水)를 위하여 일정한 형태를 갖춘 인공적인 수로·둑 및 그 부속시설물의 부지와 자연의 유수(流水)가 있거나 있을 것으로 예상되는 소규모 수로부지는 "구거"로 한다.
③ 물이 고이거나 상시적으로 물을 저장하고 있는 댐·저수지·소류지(沼溜地)·호수·연못 등의 토지와 물을 상시적으로 직접 이용하여 연(蓮)·왕골 등의 식물을 주로 재배하는 토지는 "유지"로 한다.
④ 바닷물을 끌어들여 소금을 채취하기 위하여 조성된 토지와 이에 접속된 제염장(製鹽場) 등 부속시설물의 부지는 "염전"으로 한다. 다만, 천일제염 방식으로 하지 아니하고 동력으로 바닷물을 끌어들여 소금을 제조하는 공장시설물의 부지는 제외한다.
⑤ 저유소(貯油所) 및 원유저장소의 부지와 이에 접속된 부속시설물의 부지는 "주유소용지"로 한다. 다만, 자동차·선박·기차 등의 제작 또는 정비공장 안에 설치된 급유·송유시설 등의 부지는 제외한다.

21 공간정보의 구축 및 관리 등에 관한 법령상 지목의 구분 및 설정방법 등에 관한 설명으로 틀린
━━ ⓗ 것은?
지목
① 물을 상시적으로 이용하지 않고 닥나무·묘목·관상수 등의 식물을 주로 재배하는 토지
의 지목은 "전"으로 한다.
② 물을 상시적으로 직접 이용하여 벼·연(蓮)·미나리·왕골 등의 식물을 주로 재배하는
토지의 지목은 "답"으로 한다.
③ 필지마다 하나의 지목을 설정하여야 한다.
④ 1필지가 둘 이상의 용도로 활용되는 경우에는 용도에 따라 토지를 분할하여야 한다.
⑤ 토지가 일시적 또는 임시적인 용도로 사용될 때에는 그 용도에 따라 지목을 변경할 수
없다.

22 공간정보의 구축 및 관리 등에 관한 법령상 지목의 구분으로 옳은 것은?
━━ ⓗ
지목 ① 용수 또는 배수를 위하여 일정한 형태를 갖춘 인공적인 수로·둑 및 그 부속시설물의
부지는 "구거"로 한다.
② 위락, 휴양 등에 적합한 시설물을 종합적으로 갖춘 야영장은 "잡종지"로 한다.
③ 일반 공중의 보건·휴양 및 정서생활에 이용하기 위한 시설을 갖춘 토지로서 「국토의
계획 및 이용에 관한 법률」에 따라 공원 또는 녹지로 결정·고시된 토지는 "체육용지"로
한다.
④ 온수·약수·석유류 등을 일정한 장소로 운송하는 송수관·송유관 및 저장시설의 부지
는 "광천지"로 한다.
⑤ 일반 공중의 종교의식을 위하여 예배·법요·설교·제사 등을 하기 위한 교회·사찰·
향교 등 건축물의 부지와 이에 접속된 부속시설물의 부지는 "사적지"로 한다.

제 **4** 절 | 경 계

대표유형

1. 지상 경계의 구분 및 결정기준 등에 관한 설명으로 틀린 것은?   제27회

① 토지의 지상 경계는 둑, 담장이나 그 밖에 구획의 목표가 될 만한 구조물 및 경계점표지 등으로 구분한다.

② 토지가 해면 또는 수면에 접하는 경우 평균해수면이 되는 선을 지상 경계의 결정기준으로 한다.

③ 분할에 따른 지상 경계는 지상건축물을 걸리게 결정해서는 아니 된다. 다만, 법원의 확정판결이 있는 경우에는 그러하지 아니하다.

④ 매매 등을 위하여 토지를 분할하려는 경우 지상 경계점에 경계점표지를 설치하여 측량할 수 있다.

⑤ 공유수면매립지의 토지 중 제방 등을 토지에 편입하여 등록하는 경우 바깥쪽 어깨부분을 지상 경계의 결정기준으로 한다.

해설 ② 토지가 해면 또는 수면에 접하는 경우에는 최대만조위 또는 최대만수위가 되는 선을 경계로 하여야 한다.

◆ 정답 ②

2. 분할에 따른 지상 경계를 지상건축물에 걸리게 결정할 수 없는 경우는?   제24회

① 소유권이전 및 매매를 위하여 토지를 분할하는 경우

② 법원의 확정판결에 따라 토지를 분할하는 경우

③ 도시개발사업 시행자가 사업지구의 경계를 결정하기 위하여 토지를 분할하는 경우

④ 「국토의 계획 및 이용에 관한 법률」에 따른 도시·군관리계획 결정고시와 지형도면 고시가 된 지역의 도시·군관리계획선에 따라 토지를 분할하는 경우

⑤ 공공사업 등에 따라 학교용지·도로·철도용지·제방 등의 지목으로 되는 토지를 분할하는 경우

해설 분할에 따른 지상 경계는 지상건축물을 걸리게 결정해서는 아니 된다. **다만, 다음의 어느 하나에 해당하는 경우에는 그러하지 아니하다**(영 제55조 제4항).

> ① 법원의 **확정판결**에 따라 토지를 분할하는 경우
> ② **공공사업** 등에 따라 학교용지·도로·철도용지 등의 지목으로 되는 토지를 분할하는 경우
> ③ **도시개발사업** 사업시행자가 사업지구의 경계를 결정하기 위하여 토지를 분할하는 경우
> ④ 「국토의 계획 및 이용에 관한 법률」 규정에 따른 도시·군관리계획 결정고시와 지형도면 고시가 된 지역의 **도시·군관리계획선**에 따라 토지를 분할하는 경우

◆ 정답 ①

3. 공간정보의 구축 및 관리 등에 관한 법령상 지상경계점등록부의 등록사항으로 틀린 것은?

제34회

① 지적도면의 번호
② 토지의 소재
③ 공부상 지목과 실제 토지이용 지목
④ 경계점의 사진 파일
⑤ 경계점표지의 종류 및 경계점 위치

해설 ① 지적도면의 번호는 지적도면의 등록사항이다. 지상경계점등록부에는 등록하지 않는다.　　◆ 정답 ①

23

경계

지상 경계의 위치표시 및 결정 등에 관한 설명으로 틀린 것은?

① 행정기관의 장 또는 지방자치단체의 장이 토지를 취득하기 위하여 분할하려는 경우에는 지상 경계점에 경계점표지를 설치하여 지적측량을 할 수 있다.
② 「국토의 계획 및 이용에 관한 법률」 규정에 따른 도시 · 군관리계획 결정고시와 지형도면 고시가 된 지역의 도시 · 군관리계획선에 따라 토지를 분할하는 경우, 지상 경계는 지상건축물을 걸리게 결정해서는 아니 된다.
③ 토지의 지상 경계는 둑, 담장이나 그 밖에 구획의 목표가 될 만한 구조물 및 경계점표지 등으로 구분한다.
④ 지적소관청은 토지의 이동에 따라 지상 경계를 새로 정한 경우에는 지상경계점등록부를 작성 · 관리하여야 한다.
⑤ 지상 경계의 구획을 형성하는 구조물 등의 소유자가 다른 경우에는 그 소유권에 따라 지상 경계를 결정한다.

24
경계

공간정보의 구축 및 관리 등에 관한 법령상 지상 경계의 결정기준에 관한 설명으로 옳은 것을 모두 고른 것은? (단, 지상 경계의 구획을 형성하는 구조물 등의 소유자가 다른 경우는 제외함)

㉠ 공유수면매립지의 토지 중 제방 등을 토지에 편입하여 등록하는 경우: 바깥쪽 어깨부분
㉡ 연접되는 토지 간에 높낮이 차이가 있는 경우: 그 구조물 등의 상단부
㉢ 도로 · 구거 등의 토지에 절토(切土)된 부분이 있는 경우: 그 경사면의 하단부
㉣ 토지가 해면 또는 수면에 접하는 경우: 최대만조위 또는 최대만수위가 되는 선
㉤ 연접되는 토지 간에 높낮이 차이가 없는 경우: 그 구조물 등의 바깥쪽 면

① ㉠, ㉡　　　　　　② ㉠, ㉣　　　　　　③ ㉡, ㉢
④ ㉢, ㉣　　　　　　⑤ ㉣, ㉤

25 지적소관청이 토지의 이동에 따라 지상 경계를 새로 정한 경우에 경계점 표지의 종류, 경계점의 사진파일 등을 등록하여 관리하는 장부는?

경계

① 토지이동조사부
② 부동산종합공부
③ 경계점좌표등록부
④ 지상경계점등록부
⑤ 토지이동정리결의서

26 공간정보의 구축 및 관리 등에 관한 법령상 지상경계의 구분 및 결정기준 등에 관한 설명으로 틀린 것은?

경계

① 토지의 지상경계는 둑, 담장이나 그 밖에 구획의 목표가 될 만한 구조물 및 경계점표지 등으로 구분한다.
② 공유수면매립지의 토지 중 제방 등을 토지에 편입하여 등록하는 경우 지상경계의 결정 기준은 바깥쪽 어깨부분으로 한다.
③ 도시개발사업 등의 사업시행자가 사업지구의 경계를 결정하기 위하여 토지를 분할하려는 경우에는 지상경계점에 경계점표지를 설치하여 측량할 수 있다.
④ 토지가 수면에 접하는 경우 지상경계의 결정기준은 최대만수위가 되는 선으로 한다.
⑤ 지적소관청은 토지의 이동에 따라 지상경계를 새로 정한 경우에는 경계점 위치 설명도 등을 등록한 경계점좌표등록부를 작성·관리하여야 한다.

27 공간정보의 구축 및 관리 등에 관한 법령상 지상경계 및 지상경계점등록부 등에 관한 설명으로 틀린 것은?

경계

① 지적공부에 등록된 경계점을 지상에 복원하는 경우에는 지상경계점등록부를 작성·관리하여야 한다.
② 토지의 지상경계는 둑, 담장이나 그 밖에 구획의 목표가 될 만한 구조물 및 경계점표지 등으로 구분한다.
③ 지상경계의 구획을 형성하는 구조물 등의 소유자가 다른 경우에는 그 소유권에 따라 지상경계를 결정한다.
④ 경계점 좌표는 경계점좌표등록부 시행지역의 지상경계점등록부의 등록사항이다.
⑤ 토지의 소재, 지번, 공부상 지목과 실제 토지이용 지목, 경계점의 사진 파일은 지상경계점등록부의 등록사항이다.

28 공간정보의 구축 및 관리 등에 관한 법령상 지상경계점등록부의 등록사항으로 틀린 것은?

경계

① 지적기준점표지의 종류   ② 경계점의 사진파일

③ 경계점 위치   ④ 공부상 지목과 실제 토지이용 지목

⑤ 경계점표지의 종류

29 공간정보의 구축 및 관리 등에 관한 법령상 지상경계점등록부의 등록사항에 해당하는 것을 모두 고른 것은?

경계

> ㉠ 토지 소유자의 변동원인 및 그 연월일
> ㉡ 공부상 지목과 실제 토지이용 지목
> ㉢ 경계점표지의 종류 및 경계점 위치
> ㉣ 경계점 위치 설명도와 경계점의 사진 파일

① ㉠, ㉣   ② ㉡, ㉢, ㉣   ③ ㉢, ㉣

④ ㉠, ㉡, ㉣   ⑤ ㉠, ㉡, ㉢, ㉣

30 공간정보의 구축 및 관리 등에 관한 법령상 지상경계점등록부에 관한 다음 내용 중 틀린 것은?

경계

① 토지이동에 따라 지상경계를 새로 정한 경우 지적소관청이 작성·관리한다.

② 경계점좌표등록부를 갖추어 두는 지역의 경우에는 경계점의 좌표를 등록하여야 한다.

③ 경계점 사진 파일과 경계점 위치 설명도가 등록된다.

④ 토지의 고유번호 및 지적도면의 번호를 등록하여야 한다.

⑤ 공부상 지목과 실제 토지이용 지목을 등록하여야 한다.

제5절   면 적

대표유형

1. 경계점좌표등록부에 등록하는 지역에서 1필지의 면적측정을 위해 계산한 값이 1,029.551m²인 경우 토지대장에 등록할 면적으로 옳은 것은?   제27회

① 1,029.55m²   ② 1,029.56m²   ③ 1,029.5m²

④ 1,029.6m²   ⑤ 1,030.0m²

해설 ④ 지적도의 축척이 600분의 1인 지역과 경계점좌표등록부에 등록하는 지역의 토지 면적은 끝수가 0.05제곱미터를 초과할 때에는 올린다. 0.051은 0.05를 초과하는 수이므로 올린다.   ❶ 정답 ④

2. 공간정보의 구축 및 관리 등에 관한 법령상 지적도의 축척이 600분의 1인 지역에서 신규등록할 1필지의 면적을 계산한 값이 0.050m²이었다. 토지대장에 등록하는 면적의 결정으로 옳은 것은? 제30회

① 0.01m² ② 0.05m² ③ 0.1m²
④ 0.5m² ⑤ 1.0m²

해설 ③ 지적도의 축척이 600분의 1인 지역과 경계점좌표등록부에 등록하는 지역의 토지 1필지의 면적이 0.1제곱미터 미만일 때에는 0.1제곱미터로 한다. ◆정답 ③

3. 공간정보의 구축 및 관리 등에 관한 법령에서 규정하고 있는 면적에 관한 설명 중 틀린 것은? 제18회

① 경위의측량방법으로 세부측량을 한 지역의 필지별 면적측정은 전자면적측정기에 의한다.
② 경계점좌표등록부에 등록하는 지역의 토지 면적은 제곱미터 이하 한자리 단위로 결정한다.
③ '면적'이란 지적공부에 등록된 필지의 수평면상의 넓이를 말한다.
④ 신규등록·등록전환을 하는 때에는 새로이 측량하여 각 필지의 면적을 정한다.
⑤ 토지합병을 하는 경우의 면적결정은 합병전의 각 필지의 면적을 합산하여 그 필지의 면적으로 한다.

해설 ① 경위의측량방법으로 세부측량을 한 지역은 좌표로 등록되어 있으므로 필지별 면적측정은 '좌표면적계산법'에 의한다. 도면을 이용하여 면적을 계산할 때는 전자면적측정기법에 의한다. ◆정답 ①

4. 공간정보의 구축 및 관리 등에 관한 법령상 지적도의 축척에 해당하는 것을 모두 고른 것은? 제29회

| ㉠ 1/1000 | ㉡ 1/2000 | ㉢ 1/2400 |
| ㉣ 1/3000 | ㉤ 1/6000 | |

① ㉠, ㉢ ② ㉠, ㉡, ㉢ ③ ㉠, ㉣, ㉤
④ ㉡, ㉣, ㉤ ⑤ ㉠, ㉢, ㉣, ㉤

해설 ㉡ 1/2000 축척은 지적도의 법정축척에 해당하지 않는다.

| 지적도 | 1/500, 1/600, 1/1000, 1/1200, 1/2400, 1/3000, 1/6000 |
| 임야도 | 1/3000, 1/6000 |

◆정답 ⑤

31
면적

경위의측량방법에 의하여 지적확정측량을 시행하는 지역에서 1필지의 면적을 산출한 결과 990.45m^{2}인 경우 지적공부에 등록할 면적으로 옳은 것은?

① 990m^2 ② 990.4m^2

③ 990.45m^2 ④ 990.5m^2

⑤ 991m^2

32
면적

공간정보의 구축 및 관리 등에 관한 법령상 지적도의 축척이 600분의 1인 지역에서 신규등록할 1필지의 면적을 측정한 값이 771.450m^{2}인 경우 토지대장에 등록하는 면적의 결정으로 옳은 것은?

① 771m^2 ② 771.4m^2

③ 771.45m^2 ④ 771.5m^2

⑤ 772m^2

33
면적

공간정보의 구축 및 관리 등에 관한 법령상 지적도의 축척이 500분의 1인 지역에서 신규등록할 1필지의 면적을 측정한 값이 1023.35m^{2}인 경우 토지대장에 등록하는 면적의 결정으로 옳은 것은?

① 1023m^2 ② 1024m^2

③ 1023.3m^2 ④ 1023.4m^2

⑤ 1023.5m^2

34
면적

공간정보의 구축 및 관리 등에 관한 법령상 세부측량시 필지마다 면적을 측정하여야 하는 경우가 아닌 것은?

① 지적공부의 복구를 하는 경우

② 등록전환을 하는 경우

③ 지목변경을 하는 경우

④ 축척변경을 하는 경우

⑤ 도시개발사업 등으로 인한 토지의 이동에 따라 토지의 표시를 새로 결정하는 경우

35 면적에 관한 설명 중 틀린 것은?

① 토지합병을 하는 경우의 면적결정은 합병 전의 각 필지의 면적을 합산하여 그 필지의 면적으로 한다.

② 경계점좌표등록부에 등록하는 지역의 토지 면적은 m^2이하 한자리 단위로 결정한다.

③ '면적'이란 지적공부에 등록된 필지의 수평면상의 넓이를 말한다.

④ 신규등록 · 등록전환을 하는 때에는 새로이 측량하여 각 필지의 면적을 정한다.

⑤ 경위의측량방법으로 세부측량을 한 지역의 필지별 면적측정은 전자면적측정기에 의한다.

36 토지의 등록, 지적공부 등에 관한 설명으로 틀린 것은?

① 지번은 지적소관청이 지번부여지역별로 차례대로 부여한다.

② 지적소관청은 도시개발사업의 시행 등의 사유로 지번에 결번이 생긴 때에는 지체 없이 그 사유를 결번대장에 적어 영구히 보존하여야 한다.

③ 지적소관청은 토지의 이동에 따라 지상 경계를 새로 정한 경우에는 지상경계점등록부를 작성 · 관리하여야 한다.

④ 합병에 따른 경계 · 좌표 또는 면적은 지적측량을 하여 결정한다.

⑤ 지적공부를 정보처리시스템을 통하여 기록 · 저장한 경우 관할 시 · 도지사, 시장 · 군수 또는 구청장은 그 지적공부를 지적정보관리체계에 영구히 보존하여야 한다.

37 공간정보의 구축 및 관리 등에 관한 법령상 임야도의 축척에 해당하는 것을 모두 고른 것은?

㉠ 1/1200	㉡ 1/2400	㉢ 1/3000
㉣ 1/6000	㉤ 1/8000	

① ㉠, ㉢

② ㉢, ㉣

③ ㉠, ㉡, ㉤

④ ㉡, ㉢, ㉣

⑤ ㉡, ㉢, ㉣, ㉤

38 공간정보의 구축 및 관리 등에 관한 법령상 지적도와 임야도의 축척 중에서 공통된 것으로 옳은 것은?

① 1/1200, 1/2400

② 1/1200, 1/3000

③ 1/2400, 1/3000

④ 1/2400, 1/6000

⑤ 1/3000, 1/6000

지적공부

제1절 | 지적공부의 등록사항

대표유형

1. 공간정보의 구축 및 관리 등에 관한 법령상 지적공부와 등록사항의 연결이 옳은 것은? 제31회

① 토지대장 – 경계와 면적

② 임야대장 – 건축물 및 구조물 등의 위치

③ 공유지연명부 – 소유권 지분과 토지의 이동사유

④ 대지권등록부 – 대지권 비율과 지목

⑤ 토지대장·임야대장·공유지연명부·대지권등록부 – 토지소유자가 변경된 날과 그 원인

해설 ① 경계는 지적도면의 등록사항이다.

② 건축물 및 구조물 등의 위치는 지적도면의 등록사항이다.

③ 토지의 이동사유는 토지(임야)대장의 등록사항이다.

④ 지목은 토지(임야)대장과 지적도(임야도)의 등록사항이다. ◆ 정답 ⑤

2. 지적도 및 임야도의 등록사항만으로 나열된 것은? 제22회

① 토지의 소재, 지번, 건축물의 번호, 삼각점

② 지번, 경계, 건축물 및 구조물 등의 위치, 삼각점 및 지적기준점의 위치

③ 토지의 소재, 지번, 토지의 고유번호, 삼각점 및 지적기준점의 위치

④ 지목, 부호 및 부호도, 도곽선과 그 수치, 토지의 고유번호

⑤ 지목, 도곽선과 그 수치, 토지의 고유번호, 건축물 및 구조물 등의 위치

해설 ① 건축물의 번호는 도면의 등록사항이 아니다.

③④⑤ 토지의 고유번호는 도면의 등록사항이 아니다. ◆ 정답 ②

3. 공유지연명부와 대지권등록부의 공통된 등록사항을 모두 고른 것은? 제29회

㉠ 대지권 비율	㉡ 토지소유자가 변경된 날과 그 원인
㉢ 토지의 소재	㉣ 토지의 고유번호
㉤ 소유권 지분	

① ㉠, ㉢, ㉣　　　　② ㉠, ㉢, ㉤　　　　③ ㉡, ㉢, ㉣

④ ㉠, ㉡, ㉣, ㉤　　　　⑤ ㉡, ㉢, ㉣, ㉤

해설 ㉠ 대지권 비율은 대지권등록부에는 등록하지만, 공유지연명부에는 등록하지 않는다. ◆ 정답 ⑤

4. 공간정보의 구축 및 관리 등에 관한 법령상 지적기준점성과와 지적기준점성과의 열람 및 등본 발급 신청기관의 연결이 옳은 것은?

① 지적삼각점성과 – 시·도지사 또는 지적소관청

② 지적삼각보조점성과 – 시·도지사 또는 지적소관청

③ 지적삼각보조점성과 – 지적소관청 또는 한국국토정보공사

④ 지적도근점성과 – 시·도지사 또는 한국국토정보공사

⑤ 지적도근점성과 – 지적소관청 또는 한국국토정보공사

해설 ① 지적기준점의 성과 등을 열람하거나 등본을 발급받으려는 자는 지적삼각점성과에 대해서는 시·도지사 또는 지적소관청에 신청하고, 지적삼각보조점성과 및 지적도근점성과에 대해서는 지적소관청에 신청하여야 한다.

❶ 정답 ①

01

지적공부의 등록사항

다음 중 지적공부와 등록사항의 연결이 틀린 것은?

① 공유지연명부 – 소유권지분 및 토지소유자가 변경된 날과 그 원인

② 지적도 – 경계와 삼각점 및 지적기준점의 위치

③ 대지권등록부 – 대지권 비율과 전유부분(專有部分)의 건물표시

④ 경계점좌표등록부 – 도면번호와 지적기준점의 위치

⑤ 임야대장 – 토지의 소재 및 개별공시지가와 그 기준일

02

지적공부의 등록사항

공간정보의 구축 및 관리 등에 관한 법령상 지적공부와 등록사항의 연결이 틀린 것은?

① 지적도 – 도곽선 및 그 수치, 건축물 및 구조물 등의 위치

② 공유지연명부 – 소유권 지분, 전유부분의 건물표시

③ 대지권등록부 – 대지권 비율, 건물의 명칭

④ 토지대장 – 토지의 지목, 토지의 고유번호

⑤ 임야대장 – 지번, 개별공시지가와 그 기준일

03

지적공부의 등록사항

다음 중 공인중개사 甲이 매도의뢰 대상토지에 대한 소재, 지번, 지목과 면적을 모두 매수의뢰인 乙에게 설명하고자 하는 경우 적합한 것은?

① 토지대장 등본

② 지적측량기준점성과 등본

③ 지적도 등본

④ 임야도 등본

⑤ 경계점좌표등록부 등본

04 지적공부에 등록하는 면적에 관한 설명으로 틀린 것은?

지적공부의
등록사항

① 지적도의 축척이 600분의 1인 지역의 토지 면적은 제곱미터 이하 한 자리 단위로 한다.
② 지적도의 축척이 1200분의 1인 지역의 1필지 면적이 1제곱미터 미만일 때에는 1제곱미터로 한다.
③ 임야도의 축척이 6000분의 1인 지역의 1필지 면적이 1제곱미터 미만일 때에는 1제곱미터로 한다.
④ 경계점좌표등록부에 등록하는 지역의 1필지 면적이 0.1제곱미터 미만일 때에는 0.1제곱미터로 한다.
⑤ 면적은 토지대장 및 공유지연명부의 등록사항이다.

05 공간정보의 구축 및 관리 등에 관한 법령상 대지권등록부의 등록사항만으로 나열된 것이 아닌 것은?

지적공부의
등록사항

① 소유권 지분, 토지소유자가 변경된 날과 그 원인
② 건물의 명칭, 집합건물별 대지권등록부의 장번호
③ 지번, 지목
④ 토지의 소재, 토지의 고유번호
⑤ 대지권 비율, 전유부분(專有部分)의 건물표시

06 공간정보의 구축 및 관리 등에 관한 법령상 경계점좌표등록부의 등록사항으로 옳은 것만 나열한 것은?

지적공부의
등록사항

① 면적, 필지별 경계점좌표등록부의 장번호
② 토지의 고유번호, 부호 및 부호도
③ 경계, 삼각점 및 지적기준점의 위치
④ 좌표, 건축물 및 구조물 등의 위치
⑤ 지번, 토지의 이동사유

07 공간정보의 구축 및 관리 등에 관한 법령상 대지권등록부와 경계점좌표등록부의 공통 등록사항을 모두 고른 것은?

상
지적공부의
등록사항

> ㉠ 지적도면의 번호　　　　　　㉡ 소유자의 성명 또는 명칭
> ㉢ 토지의 소재　　　　　　　　㉣ 토지의 고유번호
> ㉤ 지번

① ㉠, ㉢, ㉣　　　　　　　　　② ㉢, ㉣, ㉤

③ ㉠, ㉡, ㉢, ㉣　　　　　　　④ ㉠, ㉡, ㉢, ㉤

⑤ ㉠, ㉡, ㉣, ㉤

08 공간정보의 구축 및 관리 등에 관한 법령상 지적도 및 임야도의 등록사항을 모두 고른 것은?

상
지적공부의
등록사항

> ㉠ 건축물 및 구조물 등의 위치
> ㉡ 도곽선(圖廓線)과 그 수치
> ㉢ 삼각점 및 지적기준점의 위치
> ㉣ 토지의 소재
> ㉤ 좌표에 의하여 계산된 경계점 간의 거리(경계점좌표등록부를 갖춰 두는 지역으로 한정)

① ㉠, ㉢, ㉣　　　　　　　　　② ㉡, ㉢, ㉤

③ ㉡, ㉣, ㉤　　　　　　　　　④ ㉠, ㉡, ㉢, ㉤

⑤ ㉠, ㉡, ㉢, ㉣, ㉤

09 경계점좌표등록부를 갖춰 두는 지역의 지적도가 아래와 같은 경우 이에 관한 설명으로 옳은 것은?

상
지적공부의
등록사항

① 위 지적도에 등록된 토지의 면적측정은 전자면적측정기에 의한다.
② 위 지적도에 등록된 토지의 경계복원측량은 경계점좌표등록부에 등록된 좌표에 의하여야 한다.
③ 위 지적도에 등록된 토지의 경계 안에는 지적기준점의 위치를 등록할 수 없다.
④ 위 지적도에 등록된 토지의 경계복원측량은 평판측량, 또는 전자평판측량에 의하여야 한다.
⑤ 위 지적도에 등록된 토지의 경계선상에 등록된 '22.41'은 좌표에 의하여 계산된 경계점간의 각도를 나타낸다.

10 공간정보의 구축 및 관리 등에 관한 법령상 경계점좌표등록부를 갖춰 두는 지역의 지적공부 및 토지의 등록 등에 관한 설명으로 틀린 것은?

하
지적공부의
등록사항

① 토지 면적은 제곱미터 이하 한 자리 단위로 결정하여야 한다.
② 지적도에는 도곽선의 오른쪽 아래 끝에 "이 도면에 의하여 측량을 할 수 없음"이라고 적어야 한다.
③ 지적도에는 해당 도면의 제명 끝에 "(수치)"라고 표시하여야 한다.
④ 면적측정 방법은 좌표면적계산법에 의한다.
⑤ 경계점좌표등록부를 갖춰 두는 토지는 지적확정측량 또는 축척변경을 위한 측량을 실시하여 경계점을 좌표로 등록한 지역의 토지로 한다.

11 지적도면 등의 등록사항 등에 관한 설명으로 틀린 것은?

지적공부의
등록사항

① 지적소관청은 지적도면의 관리에 필요한 경우에는 지번부여지역마다 일람도와 지번색
인표를 작성하여 갖춰 둘 수 있다.

② 지적도면의 축척은 지적도 7종, 임야도 2종으로 구분한다.

③ 지적도면의 색인도, 건축물 및 구조물 등의 위치는 지적도면의 등록사항에 해당한다.

④ 경계점좌표등록부를 갖춰 두는 지역의 임야도에는 해당 도면의 제명 끝에 "(좌표)"라고
표시하고 도곽선의 오른쪽 아래 끝에 "이 도면에 의하여 측량을 할 수 없음"이라고 적어
야 한다.

⑤ 지적도면에는 지적소관청의 직인을 날인하여야 한다. 다만, 정보처리시스템을 이용하여
관리하는 지적도면의 경우에는 그러하지 아니하다.

12 공간정보의 구축 및 관리 등에 관한 법령상 지적삼각점성과의 등본을 발급받으려는 경우 그 신청
기관으로 옳은 것은?

지적공부의
등록사항

① 시·도지사   ② 시·도지사 또는 지적소관청

③ 지적소관청   ④ 지적소관청 또는 한국국토정보공사

⑤ 한국국토정보공사

13 공간정보의 구축 및 관리 등에 관한 법령상 지적측량의 의뢰, 지적기준점성과의 보관·열람 및
등본 발급 등에 관한 설명으로 옳은 것은?

지적공부의
등록사항

① 지적측량을 의뢰하려는 자는 지적측량 의뢰서에 의뢰 사유를 증명하는 서류를 첨부하여
지적소관청에 제출하여야 한다.

② 지적소관청이 지적측량 의뢰를 받은 때에는 측량기간, 측량일자 및 측량 수수료 등을 적
은 지적측량 수행계획서를 그 다음 날까지 지적측량수행자에게 제출하여야 한다.

③ 지적측량 의뢰인과 지적측량수행자가 서로 합의하여 따로 기간을 정하는 경우에는 그
기간에 따르되, 전체 기간의 4분의 1은 측량기간으로, 전체 기간의 4분의 3은 측량검사기
간으로 본다.

④ 지적삼각보조점성과 및 지적도근점성과를 열람하거나 등본을 발급받으려는 자는 지적
측량수행자에게 신청하여야 한다.

⑤ 시·도지사나 지적소관청은 지적기준점성과와 그 측량기록을 보관하고 일반인이 열람
할 수 있도록 하여야 한다.

제 2 절 지적공부의 보존 · 반출 · 공개

대표유형

1. 공간정보의 구축 및 관리 등에 관한 법령상 지적공부의 보존 등에 관한 설명으로 옳은 것을 모두 고른 것은? 제32회

ⓐ 지적서고는 지적사무를 처리하는 사무실과 연접(連接)하여 설치하여야 한다.
ⓑ 지적소관청은 천재지변이나 그 밖에 이에 준하는 재난을 피하기 위하여 필요한 경우에는 지적공부를 해당 청사 밖으로 반출할 수 있다.
ⓒ 지적공부를 정보처리시스템을 통하여 기록 · 저장한 경우 관할 시 · 도지사, 시장 · 군수 또는 구청장은 그 지적공부를 지적정보관리체계에 영구히 보존하여야 한다.
ⓓ 카드로 된 토지대장 · 임야대장 등은 200장 단위로 바인더(binder)에 넣어 보관하여야 한다.

① ㉠, ㉢   ② ㉡, ㉣   ③ ㉢, ㉣
④ ㉠, ㉡, ㉢   ⑤ ㉠, ㉡, ㉣

해설 ㉣ 카드로 된 토지대장 · 임야대장 등은 100장 단위로 바인더(binder)에 넣어 보관하여야 한다.
◆ 정답 ④

2. 공간정보의 구축 및 관리 등에 관한 법령상 지적공부의 보존 및 보관방법 등에 관한 설명으로 틀린 것은? (단, 정보처리시스템을 통하여 기록 · 저장한 지적공부는 제외함) 제31회

① 지적소관청은 해당 청사에 지적서고를 설치하고 그 곳에 지적공부를 영구히 보존하여야 한다.
② 국토교통부장관의 승인을 받은 경우 지적공부를 해당 청사 밖으로 반출할 수 있다.
③ 지적서고는 지적사무를 처리하는 사무실과 연접(連接)하여 설치하여야 한다.
④ 지적도면은 지번부여지역별로 도면번호순으로 보관하되, 각 장별로 보호대에 넣어야 한다.
⑤ 카드로 된 토지대장 · 임야대장 · 공유지연명부 · 대지권등록부 및 경계점좌표등록부는 100장 단위로 바인더(binder)에 넣어 보관하여야 한다.

해설 ② 지적공부를 해당 청사 밖으로 반출하기 위해서는 국토교통부장관이 아닌 **시 · 도지사 또는 대도시 시장**의 **승인**을 받아야 한다.
◆ 정답 ②

14 다음 중 지적공부의 보관 및 관리 등에 관한 설명으로 틀린 것은?

지적공부의
보존·반출·공개

① 지적소관청은 지적공부(정보처리시스템에 의해 기록·저장된 지적공부는 제외)를 해당 청사 내에 지적서고를 설치하여 이를 영구히 보존하여야 한다.

② 지적소관청은 관할 국토교통부장관의 승인을 받은 경우 지적공부를 청사 밖으로 반출할 수 있다.

③ 정보처리시스템에 의해 기록·저장된 지적공부는 관할 시·도지사, 시장·군수 또는 구청장이 지적정보관리체계에 영구히 보존하여야 한다.

④ 국토교통부장관은 정보처리시스템에 의해 기록·저장된 지적공부의 멸실 또는 훼손시 복구자료로 활용하기 위하여 지적공부를 복제하여 관리하는 정보관리체계를 구축하여야 한다.

⑤ 국가기관이나 지방자치단체 또는 지적측량수행자는 지적도면이 필요한 경우 해당 지적소관청에 도면의 복사를 신청할 수 있다.

15 공간정보의 구축 및 관리 등에 관한 법령상 지적공부의 열람 및 등본 발급, 부동산종합공부의 등록사항 및 열람·증명서 발급 등에 관한 설명으로 틀린 것은?

지적공부의
보존·반출·공개

① 지적소관청은 부동산종합공부에 「공간정보의 구축 및 관리 등에 관한 법률」에 따른 지적공부의 내용에서 토지의 표시와 소유자에 관한 사항을 등록하여야 한다.

② 부동산종합공부를 열람하거나 부동산종합공부 기록사항에 관한 증명서를 발급받으려는 자는 지적공부·부동산종합공부 열람·발급 신청서(전자문서로 된 신청서를 포함한다)를 지적소관청 또는 읍·면·동장에게 제출하여야 한다.

③ 지적소관청은 부동산종합공부에 「토지이용규제 기본법」 제10조에 따른 토지이용계획확인서의 내용에서 토지의 이용 및 규제에 관한 사항을 등록하여야 한다.

④ 지적소관청은 부동산종합공부에 「건축법」 제38조에 따른 건축물대장의 내용에서 건축물의 표시와 소유자에 관한 사항(토지에 건축물이 있는 경우만 해당한다)을 등록하여야 한다.

⑤ 정보처리시스템을 통하여 기록·저장된 지적공부(지적도 및 임야도는 제외한다)를 열람하거나 그 등본을 발급받으려는 경우에는 시·도지사, 시장·군수 또는 구청장이나 읍·면·동의 장에게 신청할 수 있다.

제 **3** 절 **지적공부의 복구**

대표유형

1. 공간정보의 구축 및 관리 등에 관한 법령상 지적공부(정보처리시스템을 통하여 기록·저장한 경우는 제외)**의 복구에 관한 설명으로 틀린 것은?** 제28회

① 지적소관청은 지적공부의 전부 또는 일부가 멸실되거나 훼손된 경우에는 지체 없이 이를 복구하여야 한다.

② 지적공부를 복구할 때 소유자에 관한 사항은 부동산등기부나 법원의 확정판결에 따라 복구하여야 한다.

③ 토지이동정리 결의서는 지적공부의 복구에 관한 관계 자료에 해당한다.

④ 복구자료도에 따라 측정한 면적과 지적복구자료 조사서의 조사된 면적의 증감이 허용범위를 초과하는 경우에는 복구측량을 하여야 한다.

⑤ 지적소관청이 지적공부를 복구하려는 경우에는 해당 토지의 소유자에게 지적공부의 복구신청을 하도록 통지하여야 한다.

해설 ⑤ 지적소관청은 지적공부의 전부 또는 일부가 멸실되거나 훼손된 경우에는 지체 없이 이를 복구하여야한다. 토지 소유자에게 지적공부의 복구신청을 하도록 통지할 필요는 없다. ◆정답 ⑤

2. 공간정보의 구축 및 관리 등에 관한 법령상 지적공부의 관리 등에 관한 설명으로 틀린 것은? 제26회

① 지적공부를 정보처리시스템을 통하여 기록·저장한 경우 관할 시·도지사, 시장·군수 또는 구청장은 그 지적공부를 지적정보관리체계에 영구히 보존하여야 한다.

② 지적소관청은 해당 청사에 지적서고를 설치하고 그 곳에 지적공부(정보처리시스템을 통하여 기록·저장한 경우는 제외한다)를 영구히 보존하여야 한다.

③ 국토교통부장관은 지적공부를 과세나 부동산정책자료 등으로 활용하기 위하여 주민등록전산자료, 가족관계등록전산자료, 부동산등기전산자료 또는 공시지가전산자료 등을 관리하는 기관에 그 자료를 요청할 수 있다.

④ 토지소유자가 자기 토지에 대한 지적전산자료를 신청하거나, 토지소유자가 사망하여 그 상속인이 피상속인의 토지에 대한 지적전산자료를 신청하는 경우에는 관계 중앙행정기관의 심사를 받지 아니할 수 있다.

⑤ 지적소관청은 지적공부의 전부 또는 일부가 멸실되거나 훼손되어 이를 복구하고자 하는 경우에는 국토교통부장관의 승인을 받아야 한다.

해설 ⑤ 지적소관청(정보처리시스템을 통하여 기록·저장한 지적공부의 경우에는 시·도지사, 시장·군수 또는 구청장)은 지적공부의 전부 또는 일부가 멸실되거나 훼손된 경우에는 지체 없이 복구하여야 한다(법 제74조). ◆정답 ⑤

16 공간정보의 구축 및 관리 등에 관한 법령상 지적공부의 복구에 관한 관계 자료에 해당하지 않는
지적공부의 복구 것은?

① 지적공부의 등본
② 부동산종합증명서
③ 토지이동정리 결의서
④ 지적측량 수행계획서
⑤ 법원의 확정판결서 정본 또는 사본

17 공간정보의 구축 및 관리 등에 관한 법령상 지적공부의 복구에 관한 관계 자료가 아닌 것은?
지적공부의 복구
① 지적측량 의뢰서
② 지적공부의 등본
③ 토지이동정리 결의서
④ 법원의 확정판결서 정본 또는 사본
⑤ 지적소관청이 작성하거나 발행한 지적공부의 등록내용을 증명하는 서류

18 공간정보의 구축 및 관리 등에 관한 법령상 지적공부의 복구 및 복구절차 등에 관한 설명으로
지적공부의 복구 틀린 것은?

① 지적소관청(정보처리시스템을 통하여 기록·저장한 지적공부의 경우에는 시·도지사,
시장·군수 또는 구청장)은 지적공부의 전부 또는 일부가 멸실되거나 훼손된 경우에는
지체 없이 이를 복구하여야 한다.
② 복구자료도에 따라 측정한 면적과 지적복구자료 조사서의 조사된 면적의 증감이 오차의
허용범위를 초과하거나 복구자료도를 작성할 복구자료가 없는 경우에는 복구측량을 하
여야 한다.
③ 지적공부를 복구할 때에는 멸실·훼손 당시의 지적공부와 가장 부합된다고 인정되는 관
계 자료에 따라 토지의 표시에 관한 사항을 복구하여야 한다. 다만, 소유자에 관한 사항
은 부동산등기부나 법원의 확정판결에 따라 복구하여야 한다.
④ 지적소관청은 조사된 복구자료 중 토지대장·임야대장 및 공유지연명부의 등록 내용을
증명하는 서류 등에 따라 지적복구자료 조사서를 작성하고, 지적도면의 등록 내용을 증
명하는 서류 등에 따라 복구자료도를 작성하여야 한다.
⑤ 지적공부의 등본, 개별공시지가 자료, 측량의뢰서, 법원의 확정판결서 정본 또는 사본은
지적공부의 복구자료이다.

19 공간정보의 구축 및 관리 등에 관한 법령상 지적공부(정보처리시스템을 통하여 기록·저장한 경우는 제외)의 복구에 관한 설명으로 틀린 것은?

지적공부의 복구

① 지적소관청은 조사된 복구자료 중 토지대장, 임야대장 및 공유지연명부의 등록내용을 증명하는 서류 등에 따라 지적복구자료 조사서를 작성하여야 한다.
② 지적공부를 복구할 때 소유자에 관한 사항은 부동산등기부나 법원의 확정판결에 따라 복구하여야 한다.
③ 측량결과도는 지적공부의 복구에 관한 관계 자료에 해당한다.
④ 복구자료도에 따라 측정한 면적과 지적복구자료 조사서의 조사된 면적의 증감이 허용범위를 초과하는 경우에는 복구측량을 하여야 한다.
⑤ 지적소관청은 지적공부의 전부 또는 일부가 멸실되거나 훼손되어 이를 복구하려는 경우에는 시, 도지사의 승인을 받아야 한다.

제4절 부동산종합공부

대표유형

1. 공간정보의 구축 및 관리 등에 관한 법령상 부동산종합공부의 등록사항에 해당하지 않는 것은?

제33회

① 토지의 이용 및 규제에 관한 사항: 「토지이용규제 기본법」 제10조에 따른 토지이용계획확인서의 내용
② 건축물의 표시와 소유자에 관한 사항(토지에 건축물이 있는 경우만 해당한다): 「건축법」 제38조에 따른 건축물대장의 내용
③ 토지의 표시와 소유자에 관한 사항: 「공간정보의 구축 및 관리 등에 관한 법률」에 따른 지적공부의 내용
④ 부동산의 가격에 관한 사항: 「부동산 가격공시에 관한 법률」 제10조에 따른 개별공시지가, 같은 법 제16조, 제17조 및 제18조에 따른 개별주택가격 및 공동주택가격 공시내용
⑤ 부동산의 효율적 이용과 토지의 적성에 관한 종합적 관리·운영을 위하여 필요한 사항: 「국토의 계획 및 이용에 관한 법률」 제20조 및 제27조에 따른 토지적성평가서의 내용

해설 부동산종합공부의 등록사항은 아래와 같다.

토지의 표시 소유자	건축물의 표시 소유자
부동산의 권리	
부동산의 가격	
토지이용 및 규제	

◆정답 ⑤

2. 공간정보의 구축 및 관리 등에 관한 법령상 부동산종합공부에 관한 설명으로 틀린 것은? 제27회

① 부동산종합공부를 열람하거나 부동산종합공부 기록사항의 전부 또는 일부에 관한 증명서를 발급받으려는 자는 지적소관청이나 읍·면·동의 장에게 신청할 수 있다.
② 지적소관청은 부동산종합공부의 등록사항 정정을 위하여 등록사항 상호 간에 일치하지 아니하는 사항을 확인 및 관리하여야 한다.
③ 토지소유자는 부동산종합공부의 토지의 표시에 관한 사항(「공간정보의 구축 및 관리 등에 관한 법률」에 따른 지적공부의 내용)의 등록사항에 잘못이 있음을 발견하면 지적소관청이나 읍·면·동의 장에게 그 정정을 신청할 수 있다.
④ 토지의 이용 및 규제에 관한 사항(「토지이용규제 기본법」 제10조에 따른 토지이용계획확인서의 내용)은 부동산종합공부의 등록사항이다.
⑤ 지적소관청은 부동산종합공부의 등록사항 중 등록사항 상호 간에 일치하지 아니하는 사항에 대해서는 등록사항을 관리하는 기관의 장에게 그 내용을 통지하여 등록사항 정정을 요청할 수 있다.

해설 ③ 토지소유자는 부동산종합공부의 토지의 표시에 관한 사항의 등록사항에 잘못이 있음을 발견하면 **지적소관청**에게 그 정정을 신청할 수 있으며 읍·면·동의 장에게 신청할 수는 없다. ◆ 정답 ③

20
부동산종합공부

공간정보의 구축 및 관리 등에 관한 법령상 부동산종합공부의 등록사항에 해당하지 않는 것은?

① 토지의 표시와 소유자에 관한 사항:「공간정보의 구축 및 관리 등에 관한 법률」에 따른 지적공부의 내용
② 건축물의 표시와 소유자에 관한 사항(토지에 건축물이 있는 경우만 해당한다):「건축법」 제38조에 따른 건축물대장의 내용
③ 토지의 이용 및 규제에 관한 사항:「토지이용규제 기본법」 제10조에 따른 토지이용계획확인서의 내용
④ 부동산의 보상에 관한 사항:「공익사업을 위한 토지 등의 취득 및 보상에 관한 법률」 제68조에 따른 부동산의 보상 가격 내용
⑤ 부동산의 가격에 관한 사항:「부동산 가격공시 및 감정평가에 관한 법률」 제11조에 따른 개별공시지가, 같은 법 제16조 및 제17조에 따른 개별주택가격 및 공동주택가격 공시 내용

21

부동산종합공부 · 하

공간정보의 구축 및 관리에 관한 법령상 부동산종합공부의 등록사항에 대한 내용 중 틀린 것은?

① 지적공부의 내용 중 토지의 표시와 소유자에 관한 사항

② 건축물대장의 내용 중 건축물의 표시와 소유자에 관한 사항(토지에 건축물이 있는 경우만 해당한다)

③ 토지이용계획확인서의 내용 중 토지의 이용 및 규제에 관한 사항

④ 개별주택가격 및 공동주택가격 공시내용 중 부동산의 가격에 관한 사항

⑤ 부동산 등기기록 중 부동산의 변동사항에 관한 사항

22

부동산종합공부 · 중

부동산종합공부에 관한 설명으로 틀린 것은?

① 지적소관청은 부동산의 효율적 이용과 부동산과 관련된 정보의 종합적 관리·운영을 위하여 부동산종합공부를 관리·운영한다.

② 지적소관청은 부동산종합공부를 영구히 보존하여야 하며, 멸실 또는 훼손에 대비하여 이를 별도로 복제하여 관리하는 정보관리체계를 구축하여야 한다.

③ 지적소관청은 부동산종합공부의 불일치 등록사항에 대하여는 등록사항을 정정하고, 등록사항을 관리하는 기관의 장에게 그 내용을 통지하여야 한다.

④ 지적소관청은 부동산종합공부의 정확한 등록 및 관리를 위하여 필요한 경우에는 부동산종합공부의 등록사항을 관리하는 기관의 장에게 관련 자료의 제출을 요구할 수 있다.

⑤ 부동산종합공부의 등록사항을 관리하는 기관의 장은 지적소관청에 상시적으로 관련 정보를 제공하여야 한다.

23

부동산종합공부 · 중

공간정보의 구축 및 관리 등에 관한 법령상 부동산종합공부에 관한 설명으로 틀린 것은?

① 토지의 이용 및 규제에 관한 사항(「토지이용규제 기본법」 제10조에 따른 토지이용계획확인서의 내용)은 부동산종합공부의 등록사항이다.

② 부동산종합공부를 열람하거나 부동산종합공부 기록사항의 전부 또는 일부에 관한 증명서를 발급받으려는 자는 지적소관청이나 읍·면·동의 장에게 신청할 수 있다.

③ 지적소관청은 부동산종합공부의 등록사항정정을 위하여 등록사항 상호 간에 일치하지 아니하는 사항을 확인 및 관리하여야 한다.

④ 토지소유자는 부동산종합공부의 토지의 표시에 관한 사항(「공간정보의 구축 및 관리 등에 관한 법률」에 따른 지적공부의 내용)의 등록사항에 잘못이 있음을 발견하면 시·도지사 또는 대도시시장에게 그 정정을 신청할 수 있다.

⑤ 지적소관청은 부동산종합공부의 불일치등록사항에 대해서는 등록사항을 관리하는 기관의 장에게 그 내용을 통지하여 등록사항정정을 요청할 수 있다.

24
부동산종합공부

공간정보의 구축 및 관리 등에 관한 법령상 지적공부의 열람 및 등본 발급, 부동산종합공부의 등록사항 및 열람·증명서 발급 등에 관한 설명으로 틀린 것은?

① 지적소관청은 부동산종합공부에 「공간정보의 구축 및 관리 등에 관한 법률」에 따른 지적공부의 내용에서 토지의 표시와 소유자에 관한 사항을 등록하여야 한다.

② 부동산종합공부를 열람하거나 부동산종합공부 기록사항에 관한 증명서를 발급받으려는 자는 지적공부·부동산종합공부 열람·발급 신청서(전자문서로 된 신청서를 포함한다)를 지적소관청 또는 읍·면·동장에게 제출하여야 한다.

③ 지적소관청은 부동산종합공부에 「토지이용규제 기본법」 제10조에 따른 토지이용계획확인서의 내용에서 토지의 이용 및 규제에 관한 사항을 등록하여야 한다.

④ 지적소관청은 부동산종합공부에 「건축법」 제38조에 따른 건축물대장의 내용에서 건축물의 표시와 소유자에 관한 사항(토지에 건축물이 있는 경우만 해당한다)을 등록하여야 한다.

⑤ 정보처리시스템을 통하여 기록·저장된 지적공부(지적도 및 임야도는 제외한다)를 열람하거나 그 등본을 발급받으려는 경우에는 시·도지사, 시장·군수 또는 구청장이나 읍·면·동의 장에게 신청할 수 있다.

25
부동산종합공부

토지소유자가 부동산종합공부의 등록사항에 잘못이 있음을 발견한 경우 정정신청을 하여야 하는 대상은?

① 읍·면·동의 장
② 관할 시·도지사
③ 지적소관청
④ 대도시 시장
⑤ 국토교통부장관

Chapter 03 | 토지의 이동

제1절 신규등록

대표유형

1. 토지소유자가 신규등록을 신청할 때에는 신규등록 사유를 적은 신청서에 해당 서류를 첨부하여 지적소관청에 제출하여야 한다. 이 경우 첨부해야 할 해당 서류가 아닌 것은? 제23회

① 법원의 확정판결서 정본 또는 사본

② 「공유수면 관리 및 매립에 관한 법률」에 따른 준공검사확인증 사본

③ 도시계획구역의 토지를 그 지방자치단체의 명의로 등록하는 때에는 기획재정부장관과 협의한 문서의 사본

④ 지형도면에 고시된 도시관리계획도 사본

⑤ 소유권을 증명할 수 있는 서류의 사본

❶ 정답 ④

2. 신규등록에 관한 설명 중 틀린 것은? 제18회 변형

① '신규등록'이라 함은 새로이 조성된 토지 및 등록이 누락되어 있는 토지를 지적공부에 등록하는 것을 말한다.

② 신규등록할 토지가 있는 때에는 60일 이내에 지적소관청에 신청하여야 한다.

③ 토지소유자의 신청에 의하여 신규등록을 한 경우 지적소관청은 토지표시에 관한 사항을 지체 없이 등기관서에 그 등기를 촉탁하여야 한다.

④ 「공유수면 관리 및 매립에 관한 법률」에 따른 신규등록을 신청하는 때에는 신규등록 사유를 기재한 신청서에 「공유수면 관리 및 매립에 관한 법률」에 따른 준공검사확인증 사본을 첨부하여 지적소관청에 제출하여야 한다.

⑤ 신규등록 신청시 첨부해야 하는 서류를 그 지적소관청이 관리하는 경우에는 지적소관청의 확인으로써 그 서류의 제출에 갈음할 수 있다.

해설 ③ 신규등록을 한 경우 지적소관청은 등기관서에 **등기촉탁**을 할 필요가 없다. ❶ 정답 ③

01

신규등록

신규등록을 신청하는 토지소유자가 첨부하여야 하는 서류가 아닌 것은?

① 도시계획구역의 토지를 그 지방자치단체의 명의로 등록하는 때에는 기획재정부장관과 협의한 문서의 사본
② 「공유수면 관리 및 매립에 관한 법률」에 따른 준공검사확인증 사본
③ 등기완료통지서
④ 법원의 확정판결서 정본 또는 사본
⑤ 소유권을 증명할 수 있는 서류의 사본

02

신규등록

신규등록과 관련한 다음 내용 중 틀린 것은?

① 신규등록을 신청하는 토지소유자가 제출하여야 할 서류를 해당 지적소관청이 관리하는 경우에는 지적소관청의 확인으로 그 서류의 제출을 갈음할 수 있다.
② 토지소유자는 신규등록할 토지가 있는 때에는 그 사유가 발생한 날부터 60일 이내에 지적소관청에 신청하여야 한다.
③ 지적공부에 신규등록하는 토지의 소유자에 관한 사항은 등기관서에서 등기한 것을 증명하는 등기필증, 등기완료통지서, 등기사항증명서 등에 따라 정리한다.
④ 신규등록을 하는 토지의 지번은 인접한 토지의 본번에 부번을 붙여서 부여한다.
⑤ 신규등록을 하는 토지가 그 지번부여지역의 최종 지번의 토지에 인접하여 있는 경우 그 지번부여지역의 최종 본번의 다음 순번부터 본번으로 하여 순차적으로 지번을 부여할 수 있다.

03

신규등록

공간정보의 구축 및 관리 등에 관한 법령상 신규등록에 관한 설명으로 틀린 것은?

① 신규등록하는 경우에는 지적측량을 하여야 한다.
② 신규등록하는 토지의 소유자는 지적소관청이 직접 조사하여 결정한다.
③ 토지소유자의 신청에 따라 신규등록을 한 경우 지적소관청은 지체 없이 등기관서에 그 등기를 촉탁하여야 한다.
④ 토지소유자는 신규등록할 토지가 있는 때에는 그 사유가 발생한 날부터 60일 이내에 지적소관청에 신청하여야 한다.
⑤ 신규등록을 하는 경우 부동산 등기사항증명서 등은 소유권을 증명하는 서류에 해당하지 않는다.

제 2 절 | 등록전환

대표유형

공간정보의 구축 및 관리 등에 관한 법령상 등록전환을 할 때 임야대장의 면적과 등록전환될 면적의 차이가 오차의 허용범위를 초과하는 경우 처리방법으로 옳은 것은?   제31회

① 지적소관청이 임야대장의 면적 또는 임야도의 경계를 직권으로 정정하여야 한다.

② 지적소관청이 시·도지사의 승인을 받아 허용범위를 초과하는 면적을 등록전환 면적으로 결정하여야 한다.

③ 지적측량수행자가 지적소관청의 승인을 받아 허용범위를 초과하는 면적을 등록전환 면적으로 결정하여야 한다.

④ 지적측량수행자가 토지소유자와 합의한 면적을 등록전환 면적으로 결정하여야 한다.

⑤ 지적측량수행자가 임야대장의 면적 또는 임야도의 경계를 직권으로 정정하여야 한다.

해설 ① 임야대장의 면적과 등록전환될 면적 차이가 법령에 규정된 **허용범위를 초과하는 경우** 임야대장의 면적 또는 임야도의 경계는 지적소관청의 직권에 의하여 정정하여야 한다.   ◆ 정답 ①

04
등록전환

등록전환에 관한 설명으로 틀린 것은?

① 토지소유자는 등록전환할 토지가 있으면 그 사유가 발생한 날부터 60일 이내에 지적소관청에 등록전환을 신청하여야 한다.

② 「산지관리법」에 따른 산지전용허가·신고, 산지일시사용허가·신고, 「건축법」에 따른 건축허가·신고 또는 그 밖의 관계 법령에 따른 개발행위 허가 등을 받은 경우에는 등록전환을 신청할 수 있다.

③ 임야도에 등록된 토지가 사실상 형질변경되었으나, 지목변경을 할 수 없는 경우에는 등록전환을 신청할 수 있다.

④ 등록전환에 따른 면적을 정할 때 임야대장의 면적과 등록전환될 면적의 차이가 오차의 허용범위 이내인 경우, 임야대장의 면적을 등록전환면적으로 결정한다.

⑤ 지적소관청은 등록전환에 따라 지적공부를 정리한 경우, 지체 없이 관할 등기관서에 토지의 표시변경에 관한 등기를 촉탁하여야 한다.

05 임야대장등록지의 토지를 토지대장등록지의 토지로 옮겨 등록하는 등록전환에 관련된 설명으로
틀린 것은?

등록전환

① 임야대장의 면적과 등록전환될 면적 차이가 법령에 규정된 허용범위를 초과하는 경우
임야대장의 면적 또는 임야도의 경계는 토지소유자의 신청에 의하여 정정한다.
② 대부분의 토지가 등록전환되어 나머지 토지가 임야대장등록지에 계속 존치할 필요가 없
는 경우에는 등록전환 신청대상이 된다.
③ 임야소유자가 건축물의 사용승인을 받은 후 등록전환을 실시하기 위해서는 반드시 지적
측량을 의뢰해야 한다.
④ 도시·군관리계획선에 따라 토지를 분할하는 경우에는 등록전환을 신청할 수 있다.
⑤ 토지소유자는 등록전환 사유가 발생한 날부터 60일 이내에 지적소관청에 신청하며, 등록
전환 대상토지는 인접토지와 동일한 축척으로 등록한다.

06 다음 중 등록전환의 대상토지가 아닌 것은?

등록전환

① 「산지관리법」에 따른 산지전용허가·신고, 산지일시사용허가·신고, 「건축법」에 따른
건축허가·신고 또는 그 밖의 관계 법령에 따른 개발행위 허가 등을 받은 경우
② 대부분의 토지가 등록전환 되어 나머지 토지를 임야도에 계속 존치하는 것이 불합리한
경우
③ 토지이용상 불합리한 지상경계를 시정하기 위한 경우
④ 임야도에 등록된 토지가 사실상 형질변경 되었으나 지목변경을 할 수 없는 경우
⑤ 도시·군관리계획선에 따라 토지를 분할하는 경우

제 **3** 절 분 할

대표유형

토지의 분할에 관한 설명으로 틀린 것은? 제20회

① 토지이용상 불합리한 지상 경계를 시정하기 위한 경우에는 분할을 신청할 수 있다.

② 지적공부에 등록된 1필지의 일부가 관계 법령에 따른 형질변경 등으로 용도가 다르게 된 때에는 지적소관청에 토지의 분할을 신청하여야 한다.

③ 토지를 분할하는 경우 주거·사무실 등의 건축물이 있는 필지에 대하여는 분할 전의 지번을 우선하여 부여하여야 한다.

④ 공공사업으로 도로를 개설하기 위하여 토지를 분할하는 경우에는 지상건축물이 걸리게 지상 경계를 결정하여서는 아니 된다.

⑤ 토지의 매매를 위하여 필요한 경우에는 분할을 신청할 수 있다.

해설 ④ 분할에 따른 지상 경계는 지상건축물을 걸리게 결정해서는 아니 된다. 다만, 다음에 해당하는 경우에는 그러하지 아니하다(영 제55조 제4항).

> ① 법원의 **확정판결**에 따라 토지를 분할하는 경우
> ② **공공사업** 등에 따라 학교용지·도로·철도용지 등의 지목으로 되는 토지를 분할하는 경우
> ③ **도시개발사업** 사업시행자가 사업지구의 경계를 결정하기 위하여 토지를 분할하는 경우
> ④ 「국토의 계획 및 이용에 관한 법률」 규정에 따른 도시·군관리계획 결정고시와 지형도면 고시가 된 지역의 **도시·군관리계획선**에 따라 토지를 분할하는 경우

◆ 정답 ④

07

분할

공간정보의 구축 및 관리 등에 관한 법령상 토지의 분할에 관한 설명으로 틀린 것은?

① 토지이용상 불합리한 지상경계를 시정하기 위한 경우에는 분할을 신청할 수 있다.

② 토지의 매매 또는 소유권이전을 위하여 필요한 경우에는 분할을 신청할 수 있다.

③ 분할 후 필지 중 1필지의 지번은 분할 전의 지번으로 하고, 나머지 필지의 지번은 본번의 최종 본번 다음 순번으로 본번을 부여한다.

④ 1필지의 일부가 형질변경 등으로 용도가 다르게 된 경우에는 지목변경 신청을 함께 하여야 한다.

⑤ 법원의 확정판결에 따라 토지를 분할하는 경우에는 지상 건축물을 걸리게 하여 결정할 수 있다.

제 **4** 절 | **합 병**

대표유형

공간정보의 구축 및 관리 등에 관한 법령상 토지의 합병 및 지적공부의 정리 등에 관한 설명으로 틀린 것은?

제30회

① 합병에 따른 면적은 따로 지적측량을 하지 않고 합병 전 각 필지의 면적을 합산하여 합병 후 필지의 면적으로 결정한다.

② 토지소유자가 합병 전의 필지에 주거·사무실 등의 건축물이 있어서 그 건축물이 위치한 지번을 합병 후의 지번으로 신청할 때에는 그 지번을 합병 후의 지번으로 부여하여야 한다.

③ 합병에 따른 경계는 따로 지적측량을 하지 않고 합병 전 각 필지의 경계 중 합병으로 필요 없게 된 부분을 말소하여 합병 후 필지의 경계로 결정한다.

④ 지적소관청은 토지소유자의 합병신청에 따른 토지의 이동이 있는 경우에는 지적공부를 정리하여야 하며, 이 경우에는 토지이동정리 결의서를 작성하여야 한다.

⑤ 토지소유자는 도로, 제방, 하천, 구거, 유지의 토지로서 합병하여야 할 토지가 있으면 그 사유가 발생한 날부터 90일 이내에 지적소관청에 합병을 신청하여야 한다.

해설 ⑤ 토지소유자는 도로, 제방, 하천, 구거, 유지의 토지로서 합병하여야 할 토지가 있으면 그 사유가 발생한 날부터 60일 이내에 지적소관청에 합병을 신청하여야 한다. ◆정답 ⑤

08
합병

공간정보의 구축 및 관리 등에 관한 법령상 합병신청을 할 수 있는 것은?

① 합병하려는 토지 전부에 등기원인 및 그 연월일과 접수번호가 같은 가등기가 있는 경우

② 합병하려는 토지의 지번부여지역이 서로 다른 경우

③ 합병하려는 토지 전부에 대한 「부동산등기법」 제81조 제1항 각 호의 등기사항이 동일한 신탁등기가 있는 경우

④ 합병하려는 토지 전부에 등기원인 및 등기연월일은 같으나 접수번호가 다른 저당권설정 등기가 있는 경우

⑤ 합병하려는 토지에 압류, 가압류, 가처분, 경매 등 처분제한등기가 있는 경우

09 공간정보의 구축 및 관리 등에 관한 법령상 토지합병에 관한 설명으로 틀린 것은?

합병

① 「주택법」에 따른 공동주택의 부지와 도로, 제방, 하천, 구거, 유지 등의 토지로서 합병하여야 할 토지가 있으면 토지소유자는 그 사유가 발생한 날부터 60일 이내에 지적소관청에 합병을 신청하여야 한다.

② 합병에 따른 지번을 부여하는 경우에는 합병대상 지번 중 선순위의 지번을 그 지번으로 하되, 본번으로 된 지번이 있는 때에는 본번 중 선순위의 지번을 합병 후의 지번으로 한다.

③ 합병에 따라 경계나 면적을 정하는 경우에 경계는 합병을 통해 필요 없게 된 부분은 말소하며, 면적은 합산하여 정하므로 지적측량은 실시하지 않는다.

④ 토지합병을 마친 지적소관청은 지체 없이 관할 등기관서로 토지합병에 따른 등기를 촉탁하여야 한다.

⑤ 합병하려는 토지 전부에 관하여 등기원인 및 그 연월일과 접수번호가 같은 가압류등기가 존재할 경우 토지합병 신청이 가능하다.

10 건축물대장에 甲 건물을 乙 건물에 합병하는 등록을 2018년 8월 1일에 한 후, 건물의 합병등기를 하고자 하는 경우에 관한 설명으로 틀린 것은?

합병

① 乙 건물의 소유권의 등기명의인은 건축물대장상 건물의 합병등록이 있는 날로부터 1개월 이내에 건물합병등기를 신청하여야 한다.

② 건물합병등기를 신청할 의무 있는 자가 그 등기신청을 게을리하였더라도, 「부동산등기법」상 과태료를 부과받지 아니한다.

③ 합병등기를 신청하는 경우, 乙 건물의 변경 전과 변경 후의 표시에 관한 정보를 신청정보의 내용으로 등기소에 제공하여야 한다.

④ 甲 건물에만 저당권등기가 존재하는 경우에 건물합병등기가 허용된다.

⑤ 등기관이 합병제한 사유가 있음을 이유로 신청을 각하한 경우 지체 없이 그 사유를 건축물대장 소관청에 알려야 한다.

제5절 지목변경

대표유형

지목변경 신청에 관한 설명으로 틀린 것은?   제22회

① 토지소유자는 지목변경을 할 토지가 있으면 그 사유가 발생한 날부터 60일 이내에 지적소관청에 지목변경을 신청하여야 한다.

② 「국토의 계획 및 이용에 관한 법률」 등 관계 법령에 따른 토지의 형질변경 등의 공사가 준공된 경우에는 지목변경을 신청할 수 있다.

③ 전·답·과수원 상호간의 지목변경을 신청하는 경우에는 토지의 용도가 변경되었음을 증명하는 서류의 사본 첨부를 생략할 수 있다.

④ 지목변경 신청에 따른 첨부서류를 해당 지적소관청이 관리하는 경우에는 시·도지사의 확인으로 그 서류의 제출에 갈음할 수 있다.

⑤ 「도시개발법」에 따른 도시개발사업의 원활한 추진을 위하여 사업시행자가 공사 준공 전에 토지의 합병을 신청하는 경우에는 지목변경을 신청할 수 있다.

해설 ④ 지목변경 신청에 따른 첨부서류를 해당 지적소관청이 관리하는 경우에는 그 지적소관청의 확인으로 그 서류의 제출에 갈음할 수 있다.   ◆ 정답 ④

11

지목변경

공간정보의 구축 및 관리에 관한 법령상 지목변경의 대상토지가 아닌 것은?

① 토지이용상 불합리한 지상경계를 시정하려는 경우

② 「국토의 계획 및 이용에 관한 법률」 등 관계법령에 따른 토지의 형질변경 등의 공사가 준공된 경우

③ 토지의 용도가 다르게 된 경우

④ 건축물의 용도가 다르게 된 경우

⑤ 도시개발사업 등의 원활한 사업추진을 위하여 사업시행자가 공사 준공 전이라도 토지의 합병을 신청하는 경우

제 6 절 바다로 된 토지의 등록말소

대표유형

공간정보의 구축 및 관리 등에 관한 법령상 바다로 된 토지의 등록말소에 관한 설명으로 옳은 것은?

제22회

① 지적소관청은 지적공부에 등록된 토지가 일시적인 지형의 변화 등으로 바다로 된 경우에는 공유수면의 관리청에 지적공부의 등록말소신청을 하도록 통지하여야 한다.

② 지적소관청은 등록말소신청통지를 받은 자가 통지를 받은 날부터 60일 이내에 등록말소신청을 하지 아니하면 직권으로 그 지적공부의 등록사항을 말소하여야 한다.

③ 지적소관청이 직권으로 등록말소를 할 경우에는 시·도지사의 승인을 받아야 하며, 시·도지사는 그 내용을 승인하기 전에 토지소유자의 의견을 청취하여야 한다.

④ 지적소관청은 말소한 토지가 지형의 변화 등으로 다시 토지가 된 경우에는 그 지적측량성과 및 등록말소 당시의 지적공부 등 관계 자료에 따라 토지로 회복등록을 할 수 있다.

⑤ 지적소관청이 지적공부의 등록사항을 말소하거나 회복등록하였을 때에는 그 정리결과를 시·도지사 및 국토교통부장관에게 통지하여야 한다.

해설 ① 지적소관청은 지적공부에 등록된 토지가 지형의 변화 등으로 바다로 된 경우에는 **토지소유자에게** 지적공부의 등록말소신청을 하도록 통지하여야 한다.
② 지적소관청은 등록말소신청통지를 받은 자가 통지를 받은 날부터 **90일** 이내에 등록말소신청을 하지 아니하면 직권으로 그 지적공부의 등록사항을 말소하여야 한다.
③ 지적소관청이 직권으로 등록말소를 할 경우에는 **시·도지사의 승인을 받을 필요가 없다.**
⑤ 지적소관청이 지적공부의 등록사항을 말소하거나 회복등록하였을 때에는 그 정리결과를 **토지소유자 및 공유수면의 관리청**에게 통지하여야 한다.
◆ 정답 ④

12

바다로 된 토지의
등록말소

공간정보의 구축 및 관리 등에 관한 법령상 지적공부에 등록된 토지가 지형의 변화 등으로 바다로 된 토지의 등록말소 및 회복 등에 관한 설명으로 틀린 것은?

① 지적소관청은 지적공부에 등록된 토지가 지형의 변화 등으로 바다로 된 경우로서 원상(原狀)으로 회복될 수 없는 경우에는 지적공부에 등록된 토지소유자에게 지적공부의 등록말소 신청을 하도록 통지하여야 한다.

② 지적소관청은 바다로 된 토지의 등록말소 신청에 의하여 토지의 표시 변경에 관한 등기를 할 필요가 있는 경우에는 지체 없이 관할 등기관서에 그 등기를 촉탁하여야 한다.

③ 지적소관청이 직권으로 지적공부의 등록사항을 말소한 후 지형의 변화 등으로 다시 토지가 된 경우에 토지로 회복등록을 하려면 그 지적측량성과 및 등록말소 당시의 지적공부 등 관계 자료에 따라야 한다.

④ 지적소관청으로부터 지적공부의 등록말소 신청을 하도록 통지를 받은 토지소유자가 통지를 받은 날부터 90일 이내에 등록말소 신청을 하지 아니하면, 지적소관청은 직권으로 그 지적공부의 등록사항을 말소하여야 한다.

⑤ 지적소관청이 직권으로 지적공부의 등록사항을 말소하거나 회복등록하였을 때에는 그 정리 결과를 토지소유자 및 시·도지사 또는 대도시 시장에 통지하여야 한다.

13

바다로 된 토지의
등록말소

토지의 이동신청에 관한 설명으로 틀린 것은?

① 공유수면매립 준공에 의하여 신규등록할 토지가 있는 경우 토지소유자는 그 사유가 발생한 날부터 60일 이내에 관청에 신규등록을 신청하여야 한다.

② 임야도에 등록된 토지를 도시·군관리계획선에 따라 분할하는 경우 토지소유자는 등록전환을 신청할 수 있다.

③ 토지소유자는 「주택법」에 따른 공동주택의 부지로서 합병할 토지가 있으면 그 사유가 발생한 날부터 60일 이내에 지적소관청에 합병을 신청하여야 한다.

④ 토지소유자는 토지나 건축물의 용도가 변경되어 지목변경을 하여야 할 토지가 있으면 그 사유가 발생한 날부터 60일 이내에 지적소관청에 지목변경을 신청하여야 한다.

⑤ 바다로 되어 말소된 토지가 지형의 변화 등으로 다시 토지가 된 경우 토지소유자는 그 사유가 발생한 날부터 90일 이내에 토지의 회복등록을 지적소관청에 신청하여야 한다.

제7절 | 등록사항의 정정

대표유형

1. 공간정보의 구축 및 관리 등에 관한 법령상 지적소관청이 지적공부의 등록사항을 직권으로 조사·측량하여 정정할 수 있는 경우로 틀린 것은? 제35회

① 연속지적도가 잘못 작성된 경우

② 지적공부의 작성 또는 재작성 당시 잘못 정리된 경우

③ 토지이동정리 결의서의 내용과 다르게 정리된 경우

④ 지적도 및 임야도에 등록된 필지가 면적의 증감 없이 경계의 위치만 잘못된 경우

⑤ 지방지적위원회 또는 중앙지적위원회의 의결서 사본을 받은 지적소관청이 그 내용에 따라 지적공부의 등록사항을 정정하여야 하는 경우

해설 ① 연속지적도가 잘못 작성된 경우는 지적소관청이 직권으로 조사·측량하여 정정할 수 없다.

◆ 정답 ①

2. 지적공부의 등록사항정정에 관한 설명으로 틀린 것은? 제20회

① 지적도 및 임야도에 등록된 필지가 면적의 증감 없이 경계의 위치만 잘못 등록된 경우 지적소관청이 직권으로 조사·측량하여 정정할 수 있다.

② 토지소유자가 경계 또는 면적의 변경을 가져오는 등록사항에 대한 정정신청을 하는 때에는 정정사유를 기록한 신청서에 등록사항정정 측량성과도를 첨부하여 지적소관청에 제출하여야 한다.

③ 등록사항정정 대상토지에 대한 대장을 열람하게 하거나 등본을 발급하는 때에는 '등록사항정정 대상토지'라고 기록한 부분을 흑백의 반전으로 표시하거나 붉은색으로 기록하여야 한다.

④ 등기된 토지의 지적공부 등록사항정정 내용이 토지의 표시에 관한 사항인 경우 등기필증, 등기사항증명서 또는 등기관서에서 제공한 등기전산정보자료에 의하여 정정하여야 한다.

⑤ 등록사항정정 신청사항이 미등기 토지의 소유자 성명에 관한 사항으로서 명백히 잘못 기록된 경우에는 가족관계 기록사항에 관한 증명서에 따라 정정할 수 있다.

해설 ④ 등기된 토지의 지적공부 등록사항정정 내용이 **소유자의 표시**에 관한 사항인 경우 등기필증, 등기사항증명서, 등기완료통지서 또는 등기관서에서 제공한 등기전산정보자료에 의하여 정정하여야 한다. ◆ 정답 ④

14 공간정보의 구축 및 관리 등에 관한 법령상 지적소관청은 지적공부의 등록사항에 잘못이 있음을 발견하면 직권으로 조사·측량하여 정정할 수 있다. 직권으로 조사·측량하여 정정할 수 있는 경우가 아닌 것은?

등록사항의 정정

① 지적공부의 등록사항이 잘못 입력된 경우
② 지적측량성과와 다르게 정리된 경우
③ 지적도 및 임야도에 등록된 필지가 면적의 증감 없이 경계의 위치만 잘못된 경우
④ 지적공부의 작성 또는 재작성 당시 잘못 정리된 경우
⑤ 토지이동조서의 내용과 다르게 정리된 경우

15 공간정보의 구축 및 관리 등에 관한 법령상 지적소관청이 지적공부의 등록사항에 잘못이 있는지를 직권으로 조사·측량하여 정정할 수 있는 경우를 모두 고른 것은?

등록사항의 정정

┌───┐
│ ㉠ 연속지적도가 잘못 정리된 경우   │
│ ㉡ 지적위원회의 의결서 내용에 따라 등록사항을 정정하여야 하는 경우   │
│ ㉢ 지적공부의 작성 또는 재작성 당시 잘못 정리된 경우   │
│ ㉣ 지적도에 등록된 필지의 경계가 지상 경계와 일치하지 않아 면적의 증감이 있는 경우 │
└───┘

① ㉢   ② ㉣   ③ ㉠, ㉣
④ ㉡, ㉢   ⑤ ㉠, ㉢, ㉣

16 등록사항의 정정에 관한 설명 중 틀린 것은?

등록사항의 정정

① 정정사항이 토지소유자에 관한 사항인 경우에는 등기필증, 등기완료통지서, 등기사항증명서 또는 등기관서에서 제공한 등기전산정보자료에 따라 정정하여야 한다.
② 미등기 토지에 대하여 토지소유자에 관한 등록사항이 명백히 잘못된 경우에는 주민등록등·초본에 따라 정정하여야 한다.
③ 지적도 및 임야도에 등록된 필지가 면적의 증감 없이 경계의 위치만 잘못된 경우에는 직권정정할 수 있다.
④ 면적환산이 잘못된 경우에는 직권정정할 수 있다.
⑤ 직권정정대상토지가 있는 경우에 지적소관청은 지체 없이 관계 서류에 따라 지적공부의 등록사항을 정정하여야 한다.

17

등록사항의 정정

공간정보의 구축 및 관리 등에 관한 법령상 토지의 이동 신청 및 지적정리 등에 관한 설명이다. ( ) 안에 들어갈 내용으로 옳은 것은?

> 지적소관청은 토지의 표시가 잘못되었음을 발견하였을 때에는 (㉠) 등록사항정정에 필요한 서류와 등록사항정정 측량성과도를 작성하고, 「공간정보의 구축 및 관리 등에 관한 법률 시행령」 제84조 제2항에 따라 토지이동정리 결의서를 작성한 후 대장의 사유란에 (㉡)라고 적고, 토지소유자에게 등록사항정정 신청을 할 수 있도록 그 사유를 통지하여야 한다.

① ㉠: 지체 없이,   ㉡: 등록사항정정 대상토지
② ㉠: 지체 없이,   ㉡: 지적불부합 토지
③ ㉠: 7일 이내,   ㉡: 토지표시정정 대상토지
④ ㉠: 30일 이내,   ㉡: 지적불부합 토지
⑤ ㉠: 30일 이내,   ㉡: 등록사항정정 대상토지

18

등록사항의 정정

다음은 공간정보의 구축 및 관리 등에 관한 법령상 등록사항정정 대상토지에 대한 대장의 열람 또는 등본의 발급에 관한 설명이다. ( )에 들어갈 내용으로 옳은 것은?

> 지적소관청은 등록사항정정 대상토지에 대한 대장을 열람하게 하거나 등본을 발급하는 때에는 (㉠)라고 적은 부분을 흑백의 반전(反轉)으로 표시하거나 (㉡)(으)로 적어야 한다.

① ㉠: 지적불부합지,   ㉡: 붉은색
② ㉠: 지적불부합지,   ㉡: 굵은 고딕체
③ ㉠: 지적불부합지,   ㉡: 담당자의 자필(自筆)
④ ㉠: 등록사항정정 대상토지,   ㉡: 붉은색
⑤ ㉠: 등록사항정정 대상토지,   ㉡: 굵은 고딕체

19 등록사항의 정정에 관한 다음 설명 중 틀린 것은?

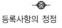
등록사항의 정정

① 토지소유자는 지적공부의 등록사항에 잘못이 있음을 발견하면 지적소관청에 그 정정을 신청할 수 있다.

② 지적공부의 등록사항이 토지이동정리 결의서의 내용과 다르게 정리된 경우에는 지적소관청이 직권으로 정정할 수 있다.

③ 정정으로 인접 토지의 경계가 변경되는 경우에는 인접 토지소유자의 승낙서 또는 이에 대항할 수 있는 확정판결서 정본을 제출하여야 한다.

④ 정정으로 인접 토지의 경계가 변경되는 경우에도 인접 토지소유자의 승낙서가 제출되는 경우에는 등록사항정정 측량성과도는 제출할 필요가 없다.

⑤ 지적공부의 등록사항 중 경계나 면적 등 측량을 수반하는 토지의 표시가 잘못된 경우에는 지적소관청은 그 정정이 완료될 때까지 지적측량을 정지시킬 수 있다.

제**8**절 **축척변경**

대표유형

1. 공간정보의 구축 및 관리 등에 관한 법령상 축척변경사업에 따른 청산금에 관한 내용이다. (   ) 에 들어갈 사항으로 옳은 것은?   제26회

• 지적소관청이 납부고지하거나 수령통지한 청산금에 관하여 이의가 있는 자는 납부고지 또는 수령통지를 받은 날부터 (㉠) 이내에 지적소관청에 이의신청을 할 수 있다.
• 지적소관청으로부터 청산금의 납부고지를 받은 자는 그 고지를 받은 날부터 (㉡) 이내에 청산금을 지적소관청에 내야 한다.

① ㉠: 15일,   ㉡: 6개월

② ㉠: 1개월,   ㉡: 3개월

③ ㉠: 1개월,   ㉡: 6개월

④ ㉠: 3개월,   ㉡: 6개월

⑤ ㉠: 3개월,   ㉡: 1년

해설 ③ 이의신청 기간은 1개월이고, 청산금은 고지를 받은 날부터 6개월 이내에 내야 한다.   ◆ 정답 ③

2. 공간정보의 구축 및 관리 등에 관한 법령상 축척변경에 관한 설명이다. (   ) 안에 들어갈 내용으로 옳은 것은?

- 지적소관청은 축척변경을 하려면 축척변경 시행지역의 토지소유자 (㉠)의 동의를 받아 축척변경위원회의 의결을 거친 후 (㉡)의 승인을 받아야 한다.
- 축척변경 시행지역의 토지소유자 또는 점유자는 시행공고일부터 (㉢) 이내에 시행공고일 현재 점유하고 있는 경계에 경계점표지를 설치하여야 한다.

	㉠	㉡	㉢
①	2분의 1 이상	국토교통부장관	30일
②	2분의 1 이상	시·도지사 또는 대도시 시장	60일
③	2분의 1 이상	국토교통부장관	60일
④	3분의 2 이상	시·도지사 또는 대도시 시장	30일
⑤	3분의 2 이상	국토교통부장관	60일

해설 ④ 축척변경을 하려면 토지소유자 3분의 2 이상의 동의를 받아야 하고, 시·도지사 또는 대도시 시장의 승인을 받아야 한다.

◆ 정답 ④

20
중
축척변경

공간정보의 구축 및 관리에 관한 법령상 다음 (   )에 들어갈 사항으로 옳은 것은?

축척변경위원회는 (㉠)명 이상 (㉡)명 이하의 위원으로 구성하되, 위원의 (㉢) 이상을 토지소유자로 하여야 한다. 이 경우 그 축척변경 시행지역의 토지소유자가 (㉣)명 이하일 때에는 토지소유자 (㉤)을(를) 위원으로 위촉하여야 한다.

	㉠	㉡	㉢	㉣	㉤
①	10	15	3분의 2	10	전원
②	5	10	3분의 2	7	3분의 2
③	5	10	2분의 1	5	전원
④	10	15	2분의 1	10	전원
⑤	10	15	4분의 3	10	3분의 2

21

축척변경

공간정보의 구축 및 관리 등에 관한 법령상 축척변경에 따른 청산금 등에 관한 설명으로 틀린 것은?

① 지적소관청은 청산금의 결정을 공고한 날부터 15일 이내에 토지소유자에게 청산금의 납부고지 또는 수령통지를 하여야 한다.

② 청산금의 납부고지를 받은 자는 그 고지를 받은 날부터 6개월 이내에 청산금을 지적소관청에 내야 한다.

③ 지적소관청은 청산금의 수령통지를 한 날부터 6개월 이내에 청산금을 지급하여야 한다.

④ 지적소관청은 청산금을 지급받을 자가 행방불명 등으로 받을 수 없거나 받기를 거부할 때에는 그 청산금을 공탁할 수 있다.

⑤ 수령통지된 청산금에 관하여 이의가 있는 자는 수령통지를 받은 날부터 1개월 이내에 지적소관청에 이의신청을 할 수 있다.

22

축척변경

공간정보의 구축 및 관리 등에 관한 법령상 축척변경사업에 따른 청산금에 관한 내용이다. ( ) 에 들어갈 사항으로 옳은 것은?

> 축척변경위원회는 (㉠) 이상 10명 이하의 위원으로 구성하되, 위원의 2분의 1 이상을 토지소유자로 하여야 한다. 이 경우 그 축척변경 시행지역의 토지소유자가 (㉡) 이하일 때에는 토지소유자 전원을 위원으로 위촉하여야 한다. 위원장은 위원 중에서 (㉢)이 지명한다.

① ㉠: 3명, ㉡: 3명, ㉢: 지적소관청

② ㉠: 5명, ㉡: 5명, ㉢: 지적소관청

③ ㉠: 5명, ㉡: 5명, ㉢: 국토교통부장관

④ ㉠: 7명, ㉡: 7명, ㉢: 지적소관청

⑤ ㉠: 7명, ㉡: 7명, ㉢: 국토교통부장관

23
하
축척변경

공간정보의 구축 및 관리 등에 관한 법령상 축척변경에 따른 청산금에 관한 이의신청에 대한 설명이다. (　　)에 들어갈 내용으로 옳은 것은?

> 납부고지 또는 수령통지된 청산금에 관하여 이의가 있는 자는 납부고지 또는 수령통지를 받은 날부터 (㉠) 이내에 지적소관청에 이의신청을 할 수 있다.
> 이의신청을 받은 지적소관청은 (㉡) 이내에 축척변경위원회의 심의·의결을 거쳐 그 인용 여부를 결정한 후 지체 없이 그 내용을 이의신청인에게 통지하여야 한다.

① ㉠: 15일 이내,　㉡: 2개월 이내
② ㉠: 1개월 이내,　㉡: 2개월 이내
③ ㉠: 1개월 이내,　㉡: 1개월 이내
④ ㉠: 2개월 이내,　㉡: 1개월 이내
⑤ ㉠: 2개월 이내,　㉡: 15일 이내

24
하
축척변경

공간정보의 구축 및 관리 등에 관한 법령상 축척변경에 관한 설명이다. (　　)에 들어갈 내용으로 옳은 것은?

> • 축척변경 시행지역의 토지소유자 또는 점유자는 시행공고일부터 (㉠) 이내에 시행공고일 현재 점유하고 있는 경계에 경계점표지를 설치하여야 한다.
> • 지적소관청은 청산금을 산정하였을 때에는 청산금 조서를 작성하고, 청산금이 결정되었다는 뜻을 (㉡) 이상 공고하여 일반인이 열람할 수 있게 하여야 한다.
> • 지적소관청은 청산금의 결정을 공고한 날부터 (㉢) 이내에 토지소유자에게 청산금의 납부고지 또는 수령통지를 하여야 한다.

① ㉠: 30일, ㉡: 15일, ㉢: 15일
② ㉠: 30일, ㉡: 15일, ㉢: 20일
③ ㉠: 30일, ㉡: 20일, ㉢: 15일
④ ㉠: 60일, ㉡: 15일, ㉢: 20일
⑤ ㉠: 60일, ㉡: 20일, ㉢: 15일

25 공간정보의 구축 및 관리 등에 관한 법령상 축척변경위원회에 관한 설명으로 틀린 것은?

축척변경

① 지적소관청은 축척변경 시행지역 내 각 필지에 대하여 지번·지목·면적·경계 또는 좌표를 새로 결정하여야 한다.

② 위원은 해당 축척변경 시행지역의 토지소유자로서 지역 사정에 정통한 사람과 지적에 관하여 전문지식을 가진 사람 중에서 지적소관청이 위촉한다.

③ 위원장은 위원 중에서 지적소관청이 지명한다.

④ 축척변경위원회 위원장은 회의를 소집하고자 할 경우 회의일시, 장소 및 심의안건 등을 회의 개최 5일 전까지 각 위원에게 서면으로 통지하여야 한다.

⑤ 축척변경위원회의 회의는 위원장을 포함한 재적위원 3분의 2 이상의 출석으로 개의하고, 출석위원 과반수의 찬성으로 의결한다.

26 공간정보의 구축 및 관리 등에 관한 법령상 축척변경위원회의 구성과 회의 등에 관한 설명으로 옳은 것을 모두 고른 것은?

축척변경

> ㉠ 축척변경위원회의 회의는 위원장을 포함한 재적위원 과반수의 출석으로 개의(開議)하고, 출석위원 과반수의 찬성으로 의결한다.
> ㉡ 축척변경위원회는 5명 이상 10명 이하의 위원으로 구성하되, 위원의 2분의 1 이상을 토지소유자로 하여야 한다. 이 경우 그 축척변경 시행지역의 토지소유자가 5명 이하일 때에는 토지소유자 전원을 위원으로 위촉하여야 한다.
> ㉢ 위원은 해당 축척변경 시행지역의 토지소유자로서 지역 사정에 정통한 사람과 지적에 관하여 전문지식을 가진 사람 중에서 지적소관청이 위촉하고, 위원장은 위원 중에서 지적소관청이 지명한다.

① ㉠   ② ㉡   ③ ㉠, ㉢
④ ㉡, ㉢   ⑤ ㉠, ㉡, ㉢

27 공간정보의 구축 및 관리 등에 관한 법령상 축척변경위원회의 심의·의결사항으로 틀린 것은?

축척변경

① 축척변경 시행계획에 관한 사항

② 지번별 제곱미터당 금액의 결정에 관한 사항

③ 축척변경 승인에 관한 사항

④ 청산금의 산정에 관한 사항

⑤ 청산금의 이의신청에 관한 사항

28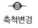
축척변경

공간정보의 구축 및 관리 등에 관한 법령상 축척변경에 관한 설명으로 틀린 것은?

① 지적소관청은 축척변경에 관한 측량을 완료하였을 때에는 축척변경 신청일 현재의 지적공부상의 면적과 측량 후의 면적을 비교하여 그 변동사항을 표시한 토지이동현황 조사서를 작성하여야 한다.

② 축척변경에 관한 사항을 심의·의결하기 위하여 지적소관청에 축척변경위원회를 둔다.

③ 축척변경위원회의 위원장은 위원 중에서 지적소관청이 지명한다.

④ 지적소관청은 청산금의 결정을 공고한 날부터 20일 이내에 토지소유자에게 청산금의 납부고지 또는 수령통지를 하여야 한다.

⑤ 청산금의 납부 및 지급이 완료되었을 때에는 지적소관청은 지체 없이 축척변경의 확정공고를 하여야 한다.

29
축척변경

공간정보의 구축 및 관리 등에 관한 법령상 지적소관청이 지체 없이 축척변경의 확정공고를 하여야 하는 때로 옳은 것은?

① 축척변경에 관한 측량에 따라 변동사항을 표시한 축척변경 지번별 조서 작성이 완료되었을 때

② 축척변경을 위한 측량이 완료되었을 때

③ 축척변경에 관한 측량에 따라 필지별 증감 면적의 산정이 완료되었을 때

④ 축척변경에 따라 확정된 사항이 지적공부에 등록되었을 때

⑤ 청산금의 납부 및 지급이 완료되었을 때

제 9 절 | 토지이동의 신청 및 신고

대표유형

1. 다음은 공간정보의 구축 및 관리 등에 관한 법령상 도시개발사업 등 시행지역의 토지이동 신청 특례에 관한 설명이다. ( )에 들어갈 내용으로 옳은 것은?　제31회

- 「도시개발법」에 따른 도시개발사업, 「농어촌정비법」에 따른 농어촌정비사업 등의 사업시행자는 그 사업의 착수·변경 및 완료 사실을 (㉠)에(게) 신고하여야 한다.
- 도시개발사업 등의 착수·변경 또는 완료 사실의 신고는 그 사유가 발생한 날부터 (㉡) 이내에 하여야 한다.

① ㉠: 시·도지사, ㉡: 15일　② ㉠: 시·도지사, ㉡: 30일
③ ㉠: 시·도지사, ㉡: 60일　④ ㉠: 지적소관청, ㉡: 15일
⑤ ㉠: 지적소관청, ㉡: 30일

해설 ④ 도시개발사업 등의 착수·변경 및 완료 사실은 지적소관청에 신고하여야 하고, 도시개발사업 등의 착수·변경 또는 완료 사실의 신고는 그 사유가 발생한 날부터 15일 이내에 하여야 한다.　◆ 정답 ④

2. 공간정보의 구축 및 관리 등에 관한 법령상 토지소유자가 하여야 하는 신청을 대위할 수 있는 자가 아닌 것은?　제26회

① 공공사업 등으로 인하여 학교용지·도로·철도용지·제방 등의 지목으로 되는 토지의 경우에는 해당 사업시행자
② 국가 또는 지방자치단체가 취득하는 토지의 경우에는 해당 토지를 관리하는 행정기관의 장 또는 지방자치단체의 장
③ 「주택법」에 따른 공동주택의 부지의 경우에는 「집합건물의 소유 및 관리에 관한 법률」에 따른 해당 사업시행자
④ 「민법」 제404조(채권자의 대위신청)의 규정에 따른 채권자와 지상권자
⑤ 「주택법」에 따른 공동주택의 부지의 경우에는 「집합건물의 소유 및 관리에 관한 법률」에 따른 관리인

해설 ④ 「민법」 제404조(채권자의 대위신청)의 규정에 따른 채권자는 토지이동 신청을 대위할 수 있으나, 지상권자는 이에 해당하지 않는다.　◆ 정답 ④

30
🔵
토지이동의
신청 및 신고

공간정보의 구축 및 관리 등에 관한 법령상 도시개발사업 등 시행지역의 토지이동 신청 특례에 관한 설명으로 틀린 것은?

① 도시개발사업 등의 사업의 착수 또는 변경의 신고가 된 토지의 소유자가 해당 토지의 이동을 원하는 경우에는 해당 사업의 시행자에게 그 토지의 이동을 신청하도록 요청하여야 한다.

② 도시개발사업 등의 사업시행자가 토지의 이동을 신청한 경우 토지의 이동은 토지의 형질변경 등의 공사가 준공된 때에 이루어진 것으로 본다.

③ 「도시개발법」에 따른 도시개발사업의 시행자는 그 사업의 착수·변경 또는 완료 사실의 신고를 그 사유가 발생한 날부터 15일 이내에 하여야 한다.

④ 「농어촌정비법」에 따른 농어촌정비사업의 시행자는 그 사업의 착수·변경 및 완료 사실을 시·도지사 또는 대도시 시장에게 신고하여야 한다.

⑤ 「주택법」에 따른 주택건설사업의 시행자가 파산 등의 이유로 토지의 이동 신청을 할 수 없을 때에는 그 주택의 시공을 보증한 자 또는 입주예정자 등이 신청할 수 있다.

31
🔵
토지이동의
신청 및 신고

공간정보의 구축 및 관리 등에 관한 법령상 도시개발사업 등 시행지역의 토지이동 신청에 관한 특례의 설명으로 틀린 것은?

① 「택지개발촉진법」에 따른 택지개발사업의 사업시행자가 지적소관청에 토지의 이동을 신청한 경우 신청 대상 지역이 환지(換地)를 수반하는 경우에는 지적소관청에 신고한 사업완료 신고로써 이를 갈음할 수 있다.

② 「도시개발법」에 따른 도시개발사업의 착수를 지적소관청에 신고하려는 자는 도시개발사업 등의 착수(시행)·변경·완료 신고서에 사업인가서, 지번별 조서, 사업계획도를 첨부하여야 한다.

③ 「도시 및 주거환경정비법」에 따른 정비사업의 착수·변경 또는 완료 사실의 신고는 그 사유가 발생한 날부터 15일 이내에 하여야 한다.

④ 「주택법」에 따른 주택건설사업의 시행자가 파산 등의 이유로 토지의 이동 신청을 할 수 없을 때에는 그 주택의 시공을 보증한 자 또는 입주예정자 등이 신청할 수 있다.

⑤ 「농어촌정비법」에 따른 농어촌정비사업의 사업시행자가 지적소관청에 토지의 이동을 신청한 경우 토지의 이동은 토지의 형질변경 등의 공사가 착수(시행)된 때에 이루어진 것으로 본다.

32

토지이동의
신청 및 신고

공간정보의 구축 및 관리에 관한 법령상 도시개발사업 등 시행지역의 토지이동 신청에 관한 다음 설명 중 옳은 것은?

① 「농어촌정비법」에 따른 농어촌정비사업 등의 사업시행자는 그 사업의 착수·변경 및 완료 사실을 시·도지사 또는 대도시 시장에 신고하여야 한다.

② 「도시개발법」에 따른 도시개발사업, 「농어촌정비법」에 따른 농어촌정비사업 등의 사업시행자는 그 사업의 착수·변경 및 완료 사실을 지적소관청에 신고하여야 한다.

③ 도시개발사업 등에 따른 토지의 이동은 토지의 형질변경 등의 공사가 착공된 때에 이루어진 것으로 본다.

④ 토지의 소유자가 해당 토지의 이동을 원하는 경우에는 직접 지적소관청에 토지이동을 신청할 수 있다.

⑤ 신청대상지역이 환지(換地)를 수반하는 경우에는 토지이동신청과 사업완료 신고를 함께 하여야 한다.

33

토지이동의
신청 및 신고

공간정보의 구축 및 관리 등에 관한 법령상 도시개발사업 등의 시행자가 그 사업의 착수·변경 및 완료 사실을 지적소관청에 신고하여야 하는 사업으로 틀린 것은?

① 「지적재조사에 관한 특별법」에 따른 지적재조사사업

② 「도시개발법」에 따른 도시개발사업

③ 「농어촌정비법」에 따른 농어촌정비사업

④ 「도시 및 주거환경정비법」에 따른 정비사업

⑤ 「체육시설의 설치·이용에 관한 법률」에 따른 체육시설 설치를 위한 토지개발사업

제 10 절 　지적정리 및 통지

대표유형

1. 공간정보의 구축 및 관리 등에 관한 법령상 토지소유자의 정리에 관한 설명이다. (   )에 들어갈 내용으로 옳은 것은?　　　　　　　　　　　　　　　　　　　　　　　　　제33회

> 지적공부에 등록된 토지소유자의 변경사항은 등기관서에서 등기한 것을 증명하는 등기필증, 등기완료통지서, 등기사항증명서 또는 등기관서에서 제공한 등기전산정보자료에 따라 정리한다. 다만, (㉠)하는 토지의 소유자는 (㉡)이(가) 직접 조사하여 등록한다.

① ㉠: 축척변경,　　㉡: 등기관
② ㉠: 축척변경,　　㉡: 시·도지사
③ ㉠: 신규등록,　　㉡: 등기관
④ ㉠: 신규등록,　　㉡: 지적소관청
⑤ ㉠: 등록전환,　　㉡: 시·도지사

◆ 정답 ④

2. 공간정보의 구축 및 관리 등에 관한 법령상 지적소관청이 토지소유자에게 지적정리 등을 통지하여야 하는 시기에 대한 설명이다. (   )에 들어갈 내용으로 옳은 것은?　　　　　　　제34회

> • 토지의 표시에 관한 변경등기가 필요하지 아니한 경우: (㉠)에 등록한 날부터 (㉡) 이내
> • 토지의 표시에 관한 변경등기가 필요한 경우: (㉢)를 접수한 날부터 (㉣) 이내

① ㉠: 등기완료의 통지서,　㉡: 15일,　㉢: 지적공부,　　　　㉣: 7일
② ㉠: 등기완료의 통지서,　㉡: 7일,　　㉢: 지적공부,　　　　㉣: 15일
③ ㉠: 지적공부,　　　　　㉡: 7일,　　㉢: 등기완료의 통지서,　㉣: 15일
④ ㉠: 지적공부,　　　　　㉡: 10일,　㉢: 등기완료의 통지서,　㉣: 15일
⑤ ㉠: 지적공부,　　　　　㉡: 15일,　㉢: 등기완료의 통지서,　㉣: 7일

◆ 정답 ③

34 지적공부의 토지소유자 정리 등에 관한 설명으로 틀린 것은?

지적정리 및 통지

① 지적소관청 소속 공무원이 지적공부와 부동산등기부의 부합 여부를 확인하기 위하여 등기부를 열람하거나 등기사항증명서의 발급을 신청하거나 등기전산정보자료의 제공을 요청하는 경우 그 수수료는 무료로 한다.

② 등기기록에 기록된 토지의 표시가 지적공부와 부합하지 아니하는 때에는 지적공부의 토지소유자를 정리할 수 없다. 이 경우 그 뜻을 관할 등기관서에 통지하여야 한다.

③ 「국유재산법」에 의한 총괄청 또는 중앙관서의 장이 지적공부에 소유자가 등록되지 아니한 토지에 대하여 소유자등록신청을 하는 경우 지적소관청은 이를 등록할 수 있다.

④ 신규등록을 제외한 토지소유자의 변경사항은 등기관서에서 등기한 것을 증명하는 등기완료통지서, 등기필증, 등기사항증명서 또는 등기관서에서 제공한 등기전산정보자료에 의하여 정리한다.

⑤ 지적소관청은 토지소유자의 변동 등에 따른 지적공부를 정리하고자 하는 경우에는 토지이동정리결의서를 작성하여야 한다.

35 공간정보의 구축 및 관리 등에 관한 법령상 토지소유자의 정리 등에 관한 설명으로 틀린 것은?

지적정리 및 통지

① 지적소관청은 등기부에 적혀 있는 토지의 표시가 지적공부와 일치하지 아니하면 토지소유자를 정리할 수 없다.

② 「국유재산법」에 따른 총괄청이나 같은 법에 따른 중앙관서의 장이 소유자 없는 부동산에 대한 소유자 등록을 신청하는 경우 지적소관청은 지적공부에 해당 토지의 소유자가 등록되지 아니한 경우에만 등록할 수 있다.

③ 지적공부에 신규등록하는 토지의 소유자에 관한 사항은 등기관서에서 등기한 것을 증명하는 등기필증, 등기완료통지서, 등기사항증명서 또는 등기관서에서 제공한 등기전산정보자료에 따라 정리한다.

④ 지적소관청은 필요하다고 인정하는 경우에는 관할 등기관서의 등기부를 열람하여 지적공부와 부동산등기부가 일치하는지 여부를 조사·확인하여야 한다.

⑤ 지적소관청 소속 공무원이 지적공부와 부동산등기부의 부합 여부를 확인하기 위하여 등기전산정보자료의 제공을 요청하는 경우 그 수수료는 무료로 한다.

36 지적공부에 등록된 토지소유자의 변경사항은 등기관서에서 등기한 것을 증명하는 등기완료통지
서 등에 의하여 정리할 수 있다. 이 경우 등기부에 기재된 토지의 표시가 지적공부와 부합하지
지적정리 및 통지 않을 때의 설명 중 옳은 것은?

① 지적공부를 등기완료통지내역에 의하여 정리하고, 부합하지 않는 사실을 관할 등기관서
에 통지한다.

② 지적공부를 등기완료통지내역에 의하여 정리할 수 없으며, 그 뜻을 관할 등기관서에 통
지한다.

③ 지적공부를 등기완료통지내역에 의하여 정리할 수 없으며, 그 뜻을 관할 등기관서에 통
지하지 않아도 된다.

④ 지적공부를 등기완료통지내역에 의하여 정리만 하면 된다.

⑤ 지적공부를 등기완료통지내역에 의하여 정리하고, 정리한 사항을 관할 등기관서에 통지
한다.

37 공간정보의 구축 및 관리 등에 관한 법령상 지적정리를 한 때 지적소관청이 토지소유자에게 통지
하여야 하는 경우가 아닌 것은?
지적정리 및 통지

① 지번부여지역의 일부가 행정구역의 개편으로 다른 지번부여지역에 속하게 되어 새로이
지번을 부여하여 지적공부에 등록한 때

② 바다로 된 토지에 대하여 토지소유자의 등록말소신청이 없어 지적소관청이 직권으로 지
적공부를 말소한 때

③ 지적공부의 전부 또는 일부가 멸실·훼손되어 이를 복구한 때

④ 등기관서의 등기완료통지서에 의하여 지적공부에 등록된 토지소유자의 변경사항을 정
리한 때

⑤ 토지표시의 변경에 관한 등기를 할 필요가 있는 경우로서 토지표시의 변경에 관한 등기
촉탁을 한 때

38 공간정보의 구축 및 관리 등에 관한 법령상 토지의 이동신청 및 지적정리 등에 관한 설명으로 틀린 것은?

지적정리 및 통지

① 지적소관청은 토지이동(신규등록은 제외)에 따른 토지의 표시변경에 관한 등기를 할 필요가 있는 경우에는 지체 없이 관할 등기관서에 그 등기를 촉탁하여야 한다.

② 토지소유자는 지적공부에 등록된 1필지의 일부가 형질변경 등으로 용도가 변경된 경우에는 용도가 변경된 날부터 60일 이내에 지적소관청에 토지의 분할을 신청하여야 한다.

③ 지적소관청은 지적공부의 등록사항에 토지이동정리 결의서의 내용과 다르게 정리된 경우 직권으로 조사·측량하여 정정할 수 있다.

④ 지적소관청은 토지소유자의 변동 등에 따라 지적공부를 정리하려는 경우에는 소유자정리 결의서를 작성하여야 한다.

⑤ 지적소관청은 토지이동에 따른 토지의 표시에 관한 변경등기가 필요한 경우 그 등기완료의 통지서를 접수한 날부터 20일 이내에 토지소유자에게 지적정리 등을 통지하여야 한다.

39 공간정보의 구축 및 관리 등에 관한 법령상 지적정리 등의 통지에 관한 설명으로 틀린 것은?

지적정리 및 통지

① 지적소관청이 시·도지사나 대도시 시장의 승인을 받아 지번부여지역의 일부에 대한 지번을 변경하여 지적공부에 등록한 경우 해당 토지소유자에게 통지하여야 한다.

② 토지의 표시에 관한 변경등기가 필요하지 아니한 지적정리 등의 통지는 지적소관청이 지적공부에 등록한 날부터 10일 이내에 해당 토지소유자에게 하여야 한다.

③ 지적소관청은 지적공부의 전부 또는 일부가 멸실되거나 훼손되어 이를 복구 등록한 경우 해당 토지소유자에게 통지하여야 한다.

④ 토지의 표시에 관한 변경등기가 필요한 지적정리 등의 통지는 지적소관청이 그 등기완료의 통지서를 접수한 날부터 15일 이내에 해당 토지소유자에게 하여야 한다.

⑤ 지적소관청이 직권으로 조사·측량하여 결정한 지번·지목·면적·경계 또는 좌표를 지적공부에 등록한 경우 해당 토지소유자에게 통지하여야 한다.

40

지적정리 및 통지

토지의 이동 및 지적정리 등에 관한 설명으로 틀린 것은?

① 지적소관청은 분할·합병에 따른 사유로 토지의 표시변경에 관한 등기를 할 필요가 있는 경우, 지체 없이 관할 등기관서에 그 등기를 촉탁하여야 한다.

② 지적소관청은 토지의 표시에 관한 변경등기가 필요하지 아니한 경우 지적정리의 통지는 지적공부에 등록한 날부터 7일 이내에 토지소유자에게 하여야 한다.

③ 지적소관청은 지적공부 정리를 하여야 할 토지의 이동이 있는 경우에는 토지이동정리 결의서를 작성하여야 한다.

④ 지적소관청은 등록전환으로 인하여 토지의 표시에 관한 변경등기가 필요한 경우, 그 변경등기를 등기관서에 접수한 날부터 15일 이내에 해당 토지소유자에게 지적정리를 통지하여야 한다.

⑤ 지적소관청은 지적공부를 복구하였으나 지적공부 정리내용을 통지받을 자의 주소나 거소를 알 수 없는 경우에는 일간신문, 해당 시·군·구의 공보 또는 인터넷 홈페이지에 공고하여야 한다.

41

지적정리 및 통지

공간정보의 구축 및 관리 등에 관한 법령상 토지의 이동신청 및 지적정리 등에 관한 설명으로 틀린 것은?

① 지적도 및 임야도에 등록된 필지가 면적의 증감 없이 경계의 위치만 잘못 등록된 경우 지적소관청이 직권으로 조사·측량하여 정정할 수 있다.

② 지적소관청은 지적공부의 등록사항에 토지이동정리 결의서의 내용과 다르게 정리된 경우 직권으로 조사·측량하여 정정할 수 있다.

③ 지적소관청은 토지소유자의 변동 등에 따라 지적공부를 정리하려는 경우에는 소유자정리 결의서를 작성하여야 한다.

④ 지적소관청은 토지이동(신규등록은 제외)에 따른 토지의 표시변경에 관한 등기를 할 필요가 있는 경우에는 지체 없이 관할 등기관서에 그 등기를 촉탁하여야 한다.

⑤ 지적소관청은 토지이동에 따른 토지의 표시에 관한 변경등기가 필요한 경우 그 등기완료의 통지서를 접수한 날부터 20일 이내에 토지소유자에게 지적정리 등을 통지하여야 한다.

지적측량

제1절 지적측량의 종류

대표유형

공간정보의 구축 및 관리 등에 관한 법령상 지적측량을 하여야 하는 경우가 아닌 것은? 제24회
① 지적측량성과를 검사하는 경우
② 경계점을 지상에 복원하는 경우
③ 지상건축물 등의 현황을 지적도 및 임야도에 등록된 경계와 대비하여 표시하는 데에 필요한 경우
④ 위성기준점 및 공공기준점을 설치하는 경우
⑤ 바다가 된 토지의 등록을 말소하는 경우로서 지적측량을 할 필요가 있는 경우

해설 ④ 위성기준점 및 공공기준점을 설치하는 경우는 지적측량의 대상에 해당하지 않는다. **◆ 정답 ④**

01 지적측량을 실시하여야 할 대상으로 틀린 것은?

중

지적측량의 종류

① 지상건축물 등의 현황을 지적도 및 임야도에 등록된 경계와 대비하여 표시하기 위해 측량을 할 필요가 있는 경우
② 「도시 및 주거환경정비법」에 따른 정비사업 시행지역에서 토지의 이동이 있는 경우로서 측량을 할 필요가 있는 경우
③ 「지적재조사에 관한 특별법」에 따른 지적재조사사업에 따라 토지의 이동이 있는 경우로서 측량을 할 필요가 있는 경우
④ 지적측량수행자가 실시한 측량성과에 대하여 지적소관청이 검사를 위해 측량을 하는 경우
⑤ 연속지적도에 있는 경계점을 지상에 표시하기 위해 측량을 하는 경우

02

지적측량의 종류

공간정보의 구축 및 관리 등에 관한 법령상 지적측량을 실시하여야 하는 경우를 모두 고른 것은?

> ㉠ 「지적재조사에 관한 특별법」에 따른 지적재조사사업에 따라 토지의 이동이 있어 측량을 할 필요가 있는 경우
> ㉡ 지적소관청이 지적공부의 일부가 멸실되어 이를 복구하기 위하여 측량을 할 필요가 있는 경우
> ㉢ 국가기준점 또는 공공기준점을 설치하기 위하여 측량을 할 필요가 있는 경우
> ㉣ 토지소유자가 지적소관청에 바다가 된 토지에 대하여 지적공부의 등록말소를 신청하기 위하여 측량을 할 필요가 있는 경우

① ㉠, ㉡, ㉢   ② ㉠, ㉡, ㉣
③ ㉠, ㉢, ㉣   ④ ㉡, ㉢, ㉣
⑤ ㉠, ㉡, ㉢, ㉣

03

지적측량의 종류

공간정보의 구축 및 관리 등에 관한 법령상 지적측량을 실시하여야 하는 경우로 틀린 것은?
① 지적공부의 등록사항을 정정하는 경우로서 측량을 할 필요가 있는 경우
② 지적기준점을 정하는 경우
③ 바다가 된 토지의 등록을 말소하는 경우로서 측량을 할 필요가 있는 경우
④ 지상건축물 등의 현황을 지형도에 표시하는 경우
⑤ 경계점을 지상에 복원하는 경우

04 공간정보의 구축 및 관리 등에 관한 법령상 토지소유자 등 이해관계인이 지적측량수행자에게 지
지적측량의 종류 적측량을 의뢰할 수 없는 경우는?

① 지적공부의 등록사항을 정정하는 경우로서 지적측량을 할 필요가 있는 경우
② 도시개발사업 등의 시행지역에서 토지의 이동이 있는 경우로서 지적측량을 할 필요가
있는 경우
③ 바다가 된 토지의 등록을 말소하는 경우로서 지적측량을 할 필요가 있는 경우
④ 토지를 등록전환하는 경우로서 지적측량을 할 필요가 있는 경우
⑤ 「지적재조사에 관한 특별법」에 따른 지적재조사사업에 따라 토지의 이동이 있는 경우로
서 지적측량을 할 필요가 있는 경우

05 공간정보의 구축 및 관리 등에 관한 법령상 토지소유자 등 이해관계인이 지적측량수행자에게 지적
지적측량의 종류 측량을 의뢰하여야 하는 경우가 아닌 것을 모두 고른 것은? (단, 지적측량을 할 필요가 있는 경우임)

> ㉠ 「지적재조사에 관한 특별법」에 따른 지적재조사사업에 따라 토지의 이동이 있는 경우
> ㉡ 지상건축물의 등의 현황을 지적도에 등록된 경계와 대비하여 표시하는 경우
> ㉢ 바다가 된 토지의 등록말소를 하는 경우
> ㉣ 지적측량성과를 검사하는 경우

① ㉠, ㉡   ② ㉠, ㉣   ③ ㉢, ㉣
④ ㉠, ㉡, ㉢   ⑤ ㉡, ㉢, ㉣

제2절 **지적측량의 절차**

대표유형

다음은 지적측량의 기간에 관한 내용이다. (   )에 들어갈 내용으로 옳은 것은?   제22회

> 지적측량의 측량기간은 (㉠)로 하며, 측량검사기간은 (㉡)로 한다. 다만, 지적기준점을 설치
> 하여 측량 또는 측량검사를 하는 경우 지적기준점이 15점 이하인 경우에는 4일을, 15점을 초과
> 하는 경우에는 4일에 15점을 초과하는 (㉢)마다 1일을 가산한다. 이와 같은 기준에도 불구하
> 고, 지적측량의뢰인과 지적측량수행자가 서로 합의하여 따로 기간을 정하는 경우에는 그 기간에
> 따르되, 전체기간의 (㉣)은 측량기간으로, 전체기간의 (㉤)은(는) 측량검사기간으로 본다.

① ㉠: 4일, ㉡: 3일, ㉢: 5점, ㉣: 4분의 3, ㉤: 4분의 1
② ㉠: 4일, ㉡: 3일, ㉢: 4점, ㉣: 5분의 3, ㉤: 5분의 2
③ ㉠: 5일, ㉡: 4일, ㉢: 4점, ㉣: 4분의 3, ㉤: 4분의 1
④ ㉠: 5일, ㉡: 4일, ㉢: 4점, ㉣: 5분의 3, ㉤: 5분의 2
⑤ ㉠: 5일, ㉡: 4일, ㉢: 5점, ㉣: 4분의 3, ㉤: 5분의 2

◆ 정답 ③

06 공간정보의 구축 및 관리 등에 관한 법령상 지적측량 수행자가 지적측량 의뢰를 받은 때 그 다음
지적측량의 절차 날까지 지적소관청에 제출하여야 하는 것으로 옳은 것은?

① 토지이동현황 조사계획서
② 토지이동 정리결의서
③ 지적측량 결과서
④ 지적측량 수행계획서
⑤ 지적측량 의뢰서

07 지적측량에 관한 설명으로 **틀린** 것은?

지적측량의 절차

① 지적측량은 지적기준점을 정하기 위한 기초측량과 1필지의 경계와 면적을 정하는 세부 측량으로 구분하며, 평판측량, 전자평판측량, 경위의측량, 전파기 또는 광파기측량, 사진 측량 및 위성측량 등의 방법에 따른다.

② 지적측량수행자가 지적측량 의뢰를 받은 때에는 측량기간, 측량일자 및 측량수수료 등을 적은 지적측량 수행계획서를 그 다음 날까지 시·도지사에게 제출하여야 한다.

③ 지적기준점을 설치하지 아니하고, 지적측량의뢰인과 지적측량수행자가 서로 합의하여 따로 기간을 정하는 경우를 제외한 지적측량의 측량기간은 5일, 측량검사기간은 4일로 한다.

④ 지적공부의 복구·신규등록·등록전환 및 축척변경을 하기 위하여 세부측량을 하는 경우에는 필지마다 면적을 측정하여야 한다.

⑤ 지적기준점측량의 절차는 계획의 수립, 준비 및 현지답사, 선점(選點), 조표(調標), 관측 및 계산과 성과표의 작성 순서에 따른다.

08 공간정보의 구축 및 관리 등에 관한 법령상 지적측량의 측량기간 및 검사기간에 대한 설명이다.

지적측량의 절차

( )에 들어갈 내용으로 옳은 것은? (단, 지적측량 의뢰인과 지적측량수행자가 서로 합의하여 따로 기간을 정하는 경우는 제외함)

> 지적측량의 측량기간은 (㉠)일로 하며, 측량검사 기간은 (㉡)일로 한다. 다만, 지적기준점을 설치하여 측량 또는 측량검사를 하는 경우 지적기준점이 15점 이하인 경우에는 (㉢)일을, 15점을 초과하는 경우에는 (㉣)일에 15점을 초과하는 (㉤)점마다 1일을 가산한다.

① ㉠: 4, ㉡: 4, ㉢: 4, ㉣: 4, ㉤: 3
② ㉠: 5, ㉡: 4, ㉢: 4, ㉣: 4, ㉤: 4
③ ㉠: 5, ㉡: 4, ㉢: 4, ㉣: 5, ㉤: 3
④ ㉠: 5, ㉡: 4, ㉢: 5, ㉣: 5, ㉤: 4
⑤ ㉠: 6, ㉡: 5, ㉢: 5, ㉣: 5, ㉤: 3

09

지적측량의 절차

공간정보의 구축 및 관리 등에 관한 법령상 지적측량의 측량기간 및 검사기간에 대한 설명이다. ( )에 들어갈 내용으로 옳은 것은?

> 지적측량 의뢰인과 지적측량수행자가 서로 합의하여 따로 기간을 정하는 경우에는 그 기간에 따르되, 전체 기간의 (㉠)은/는 측량기간으로, 전체 기간의 (㉡)은/는 측량검사기간으로 본다.

① ㉠: 2분의 1, ㉡: 2분의 1
② ㉠: 3분의 2, ㉡: 3분의 1
③ ㉠: 3분의 1, ㉡: 3분의 2
④ ㉠: 4분의 3, ㉡: 4분의 1
⑤ ㉠: 4분의 1, ㉡: 4분의 3

10

지적측량의 절차

공인중개사 A는 1필지에 대한 경계복원측량을 지적측량수행자에게 의뢰하였다. 아래 내용일 경우 검사기간을 제외한 측량기간의 계산으로 옳은 것은?

> 공인중개사 A가 측량을 의뢰한 토지소재지는 동(洞)지역이며, 지적기준점 18점을 설치하여 경계복원측량을 실시하여야 함

① 5일   ② 7일   ③ 10일
④ 12일   ⑤ 14일

11

지적측량의 절차

공간정보의 구축 및 관리 등에 관한 법령상 다음의 예시에 따를 경우 지적측량의 측량기간과 측량검사기간으로 옳은 것은?

> • 지적기준점의 설치가 필요 없는 경우임
> • 지적측량의뢰인과 지적측량수행자가 서로 합의하여 측량기간과 측량검사기간을 합쳐 20일로 정함

① 측량기간: 18일, 측량검사기간: 2일
② 측량기간: 15일, 측량검사기간: 5일
③ 측량기간: 10일, 측량검사기간: 10일
④ 측량기간: 5일, 측량검사기간: 15일
⑤ 측량기간: 2일, 측량검사기간: 18일

12 공간정보의 구축 및 관리 등에 관한 법령상 다음의 예시에 따를 경우 지적측량의 측량기간과 측량검사기간으로 옳은 것은?

지적측량의 절차

> • 지적기준점의 설치가 필요 없는 경우임
> • 지적측량의뢰인과 지적측량수행자가 서로 합의하여 측량기간과 측량검사기간을 합쳐 32일로 정함

	측량기간	측량검사기간
①	24일	8일
②	23일	9일
③	22일	10일
④	21일	11일
⑤	20일	12일

13 공간정보의 구축 및 관리 등에 관한 법령상 지적측량 의뢰 등에 관한 설명으로 틀린 것은?

지적측량의 절차

① 토지소유자는 토지를 분할하는 경우로서 지적측량을 할 필요가 있는 경우에는 지적측량수행자에게 지적측량을 의뢰하여야 한다.

② 지적측량을 의뢰하려는 자는 지적측량 의뢰서(전자문서로 된 의뢰서를 포함한다)에 의뢰 사유를 증명하는 서류(전자문서를 포함한다)를 첨부하여 지적측량수행자에게 제출하여야 한다.

③ 지적측량수행자는 지적측량 의뢰를 받은 때에는 측량기간, 측량일자 및 측량수수료 등을 적은 지적측량 수행계획서를 그 다음 날까지 지적소관청에 제출하여야 한다.

④ 지적기준점을 설치하지 않고 측량 또는 측량검사를 하는 경우 지적측량의 측량기간은 5일, 측량검사기간은 4일을 원칙으로 한다.

⑤ 지적측량의뢰인과 지적측량수행자가 서로 합의하여 따로 기간을 정하는 경우에는 그 기간에 따르되, 전체기간의 5분의 3은 측량기간으로, 전체기간의 5분의 2는 측량검사기간으로 본다.

14 지적측량수행자가 실시한 지적측량성과에 대하여 시·도지사, 대도시 시장 또는 지적소관청으로부터 측량성과 검사를 받지 않아도 되는 측량은?

지적측량의 절차

① 신규등록측량　　　　　　② 지적현황측량
③ 분할측량　　　　　　　　④ 등록전환측량
⑤ 지적확정측량

제 3 절 | **지적측량적부심사 청구**

대표유형

1. 공간정보의 구축 및 관리 등에 관한 법령상 지적위원회 및 지적측량의 적부심사 등에 관한 설명으로 틀린 것은?   제29회

① 토지소유자, 이해관계인 또는 지적측량수행자는 지적측량성과에 대하여 다툼이 있는 경우에는 관할 시·도지사를 거쳐 지방지적위원회에 지적측량 적부심사를 청구할 수 있다.

② 지방지적위원회는 지적측량에 대한 적부심사 청구사항과 지적기술자의 징계요구에 관한 사항을 심의·의결한다.

③ 시·도지사는 지방지적위원회의 의결서를 받은 날부터 7일 이내에 지적측량 적부심사 청구인 및 이해관계인에게 그 의결서를 통지하여야 한다.

④ 시·도지사로부터 의결서를 받은 자가 지방지적위원회의 의결에 불복하는 경우에는 그 의결서를 받은 날부터 90일 이내에 국토교통부장관을 거쳐 중앙지적위원회에 재심사를 청구할 수 있다.

⑤ 중앙지적위원회는 관계인을 출석하게 하여 의견을 들을 수 있으며, 필요하면 현지조사를 할 수 있다.

해설 ② 지적측량에 대한 적부심사 청구사항은 지방지적위원회의 심의·의결사항이고, 지적기술자의 징계요구에 관한 사항은 중앙지적위원회의 심의·의결사항이다.   ◆ 정답 ②

2. 경계분쟁이 있는 중개대상토지에 대하여 중앙지적위원회의 지적측량 적부재심사 결과 '지적공부에 등록된 경계 및 면적을 정정하라'는 의결 주문의 내용이 기재된 의결서 사본이 지적소관청에 접수되었다. 이에 대한 지적소관청의 처리방법으로 옳은 것은?   제15회

① 당해 지적소관청이 직권으로 지체 없이 경계 및 면적을 정정하여야 한다.

② 토지소유자의 정정신청이 있을 경우에만 정정할 수 있다.

③ 잘못 등록된 토지의 표시사항이 상당기간 경과된 경우에는 정정할 수 없다.

④ 지적공부에 등록된 면적증감이 없는 경우에만 정정할 수 있다.

⑤ 확정판결 및 이해관계인의 승낙서 또는 이에 대항할 수 있는 판결서의 정본에 의해서만 정정할 수 있다.

해설 ① 지적위원회 의결서 내용에 따라 지적공부의 등록사항을 정정하는 경우에는 지적소관청의 **직권**에 의하여야 한다.   ◆ 정답 ①

15 지방지적위원회의 심의 · 의결사항으로 옳은 것은?

지적측량적부심사
청구

① 지적기술자의 업무정지 처분 및 징계요구에 관한 사항
② 지적분야 측량기술자의 양성에 관한 사항
③ 지적측량에 대한 적부심사(適否審査) 청구사항
④ 지적측량기술의 연구 · 개발 및 보급에 관한 사항
⑤ 지적 관련 정책 개발 및 업무 개선 등에 관한 사항

16 중앙지적위원회의 심의 · 의결사항으로 틀린 것은?

지적측량적부심사
청구

① 지적 관련 정책 개발 및 업무 개선 등에 관한 사항
② 지적기술자의 업무정지 처분 및 징계요구에 관한 사항
③ 지적기술자의 양성에 관한 사항
④ 지적재조사 기본계획의 수립 및 변경에 관한 사항
⑤ 지적측량기술의 연구 · 개발 및 보급에 관한 사항

17 공간정보의 구축 및 관리 등에 관한 법령상 지적측량의 적부심사 등에 관한 설명으로 옳은 것은?

지적측량적부심사
청구

① 지적측량 적부심사청구를 받은 지적소관청은 30일 이내에 다툼이 되는 지적측량의 경위 및 그 성과, 해당 토지에 대한 토지이동 및 소유권 변동 연혁, 해당 토지 주변의 측량기준점, 경계, 주요 구조물 등 현황 실측도를 조사하여 지방지적위원회에 회부하여야 한다.
② 지적측량 적부심사청구를 회부받은 지방지적위원회는 부득이한 경우가 아닌 경우 그 심사청구를 회부받은 날부터 90일 이내에 심의 · 의결하여야 한다.
③ 지방지적위원회는 부득이한 경우에 심의기간을 해당 지적위원회의 의결을 거쳐 60일 이내에서 한 번만 연장할 수 있다.
④ 시 · 도지사는 지방지적위원회의 지적측량 적부심사 의결서를 받은 날부터 7일 이내에 지적측량 적부심사 청구인 및 이해관계인에게 그 의결서를 통지하여야 한다.
⑤ 의결서를 받은 자가 지방지적위원회의 의결에 불복하는 경우에는 그 의결서를 받은 날부터 90일 이내에 시 · 도지사를 거쳐 중앙지적위원회에 재심사를 청구할 수 있다.

18

지적측량적부심사
청구

공간정보의 구축 및 관리 등에 관한 법령상 중앙지적위원회의 구성 및 회의 등에 관한 설명으로 틀린 것은?

① 중앙지적위원회는 위원장 1명과 부위원장 1명을 포함하여 5명 이상 10명 이하의 위원으로 구성한다.

② 위원이 지적측량 적부의 재심사에 있어서 해당 측량 사안에 관하여 관련이 있는 경우에는 해당 안건의 심의 또는 의결에 참석할 수 없다.

③ 중앙지적위원회의 회의는 재적위원 과반수의 출석으로 개의(開議)하고, 출석위원 과반수의 찬성으로 의결한다.

④ 중앙지적위원회가 현지조사를 하고자 하는 때에는 관계공무원을 지정하여 지적측량 및 자료조사 등 현지조사를 하고 그 결과를 보고하게 할 수 있다.

⑤ 위원장이 중앙지적위원회의 회의를 소집할 때에는 회의 일시·장소 및 심의 안건을 회의 15일 전까지 각 위원에게 서면으로 통지하여야 한다.

19

지적측량적부심사
청구

지적측량적부심사청구 절차에 관한 내용이다. (   )에 들어갈 내용으로 옳은 것은?

⊙ 지적측량 적부심사청구를 받은 시·도지사는 (   ) 이내에 지방지적위원회에 회부하여야 한다.
⊙ 지방지적위원회는 그 심사청구를 회부받은 날부터 (   ) 이내에 심의·의결하여야 한다.
⊙ 다만, 부득이한 경우에는 그 심의기간을 해당 지적위원회의 의결을 거쳐 (   ) 이내에서 한 번만 연장할 수 있다.
⊙ 시·도지사는 의결서를 받은 날부터 (   ) 이내에 지적측량 적부심사 청구인 및 이해관계인에게 그 의결서를 통지하여야 한다.
⊙ 지방지적위원회의 의결에 불복하는 경우에는 그 의결서를 받은 날부터 (   ) 이내에 재심사를 청구할 수 있다.

	⊙	ⓛ	ⓒ	ⓔ	ⓜ
①	30일	60일	30일	7일	90일
②	60일	30일	30일	5일	60일
③	30일	60일	30일	5일	60일
④	30일	60일	60일	7일	90일
⑤	30일	60일	30일	5일	90일

MEMO

등기의 기관과 설비
(1.7%)

각종의
등기절차 (Ⅱ)
(17.3%)

등기절차 총론
(14.3%)

■ 등기제도 총칙(0.0%)

각종의 등기절차 (Ⅰ)
(16.7%)

최근 5개년 출제경향 분석

수험생들이 공부하는 데 많은 어려움을 겪는 영역이다. 하지만, 부동산등기법도 정확한 기출 분석을 통해 매년 반복되어 출제되는 중요한 학습테마들과 출제 가능성이 없는 변별력 없는 영역을 정확히 골라낼 수 있는 과목이다. 따라서, 등기법을 공부할 때는 반복 출제될 가능성이 없는 기출 영역과 출제된 적 없는 지엽적인 내용들을 추가해 가면서, 변별력 없는 문제유형들을 공략하려는 목표를 세워서는 안 된다는 점을 특히 유의하여야 한다.

제36회 시험에서도 이 문제집에 실려 있는 중요 기출문제 유형들만 집중 공략하는 전략을 세운다면 많지 않은 시간을 투자하여 합격에 필요한 충분한 목표점수를 얻을 수 있을 것이다.

PART

02

부동산등기법

제1장 등기절차 총론
제2장 소유권에 관한 등기
제3장 소유권 외의 권리에 관한 등기
제4장 각종의 등기절차

등기절차 총론

제1절 등기의 당사자 능력

대표유형

1. 등기당사자능력에 관한 설명으로 옳은 것은? (다툼이 있으면 판례에 따름)   제28회

① 태아로 있는 동안에는 태아의 명의로 대리인이 등기를 신청한다.

② 민법상 조합은 직접 자신의 명의로 등기를 신청한다.

③ 지방자치단체와 같은 공법인은 직접 자신의 명의로 등기를 신청할 수 없다.

④ 사립학교는 설립주체가 누구인지를 불문하고 학교 명의로 등기를 신청한다.

⑤ 법인 아닌 사단은 그 사단의 명의로 대표자나 관리인이 등기를 신청한다.

해설 ① 태아는 등기당사자능력이 없으므로 태아의 명의로 등기를 신청할 수 없다.
② 민법상 조합은 등기당사자능력이 없으므로 직접 자신의 명의로 등기를 신청할 수 없다.
③ 지방자치단체는 등기당사자능력이 인정되므로 자신의 명의로 등기를 신청할 수 있다.
④ 국립, 공립, 사립학교를 불문하고 학교는 등기당사자능력이 없으므로 학교명의로 등기를 신청할 수 없다.
                                                              ❶ 정답 ⑤

2. 부동산등기법상 등기의 당사자능력에 관한 설명으로 틀린 것은?   제32회

① 법인 아닌 사단(社團)은 그 사단 명의로 대표자가 등기를 신청할 수 있다.

② 시설물로서의 학교는 학교 명의로 등기할 수 없다.

③ 행정조직인 읍, 면은 등기의 당사자능력이 없다.

④ 민법상 조합을 채무자로 표시하여 조합재산에 근저당권 설정등기를 할 수 있다.

⑤ 외국인은 법령이나 조약의 제한이 없는 한 자기 명의로 등기신청을 하고 등기명의인이 될 수 있다.

해설 ④ 법인 아닌 사단 또는 재단은 자기 명의의 부동산에 관하여 근저당권을 설정하든, 타인이 물상보증인으로서 근저당권을 설정하든지 묻지 않고 채무자가 될 수 있다. 다만, 민법상 조합을 채무자로 표시하여 근저당권설정등기는 할 수 없다(등기선례1-59).   ❶ 정답 ④

01 등기신청에 관한 설명으로 틀린 것은?

등기의 당사자 능력

① 丙의 채무담보를 위하여 甲과 乙이 근저당권설정계약을 체결한 경우, 丙은 근저당권설정 등기신청에서 등기당사자 적격이 없다.
② 미성년자인 甲은 소유권보존등기의 신청능력이 없다.
③ 민법상 조합을 채무자로 표시하여 조합재산에 근저당권 설정등기를 할 수 없다.
④ 지방자치단체는 등기신청의 당사자능력이 인정된다.
⑤ 외국인은 법령이나 조약의 제한이 없는 한 자기 명의로 등기신청을 하고 등기명의인이 될 수 있다.

02 등기신청적격에 관한 설명으로 틀린 것은?

등기의 당사자 능력

① 수산업협동조합의 부동산은 조합원의 합유로 등기하여야 한다.
② 외국인은 법령이나 조약의 제한이 없는 한 자기 명의로 등기신청을 하고 등기명의인이 될 수 있다.
③ 동(洞) 명의로 동민들이 법인 아닌 사단을 설립한 경우에는 그 대표자가 동 명의로 등기 신청을 할 수 있다.
④ 아파트 입주자대표회의 명의로 그 대표자 또는 관리인이 등기를 신청할 수 있다.
⑤ 공립 대학교는 학교 명의로 등기를 신청할 수 없다.

03 등기신청에 관한 설명으로 틀린 것은?

등기의 당사자 능력

① 법인 아닌 사단인 종중이 건물을 매수한 경우, 종중의 대표자는 종중 명의로 소유권이전 등기를 신청할 수 있다.
② 정지조건이 붙은 유증을 원인으로 소유권이전등기를 신청하는 경우, 조건성취를 증명하는 서면을 첨부하여야 한다.
③ 사립대학이 부동산을 기증받은 경우, 학교 명의로 소유권이전등기를 할 수 있다.
④ 채권자대위권에 의한 등기신청의 경우, 대위채권자는 채무자의 등기신청권을 자기의 이름으로 행사한다.
⑤ 법무사는 매매계약에 따른 소유권이전등기를 매도인과 매수인 쌍방을 대리하여 신청할 수 있다.

04 등기신청에 관한 설명으로 틀린 것은?

등기의
당사자 능력

① 유증으로 인한 소유권이전등기신청이 상속인의 유류분을 침해하는 내용이라 하더라도 이를 수리하여야 한다.

② 지방자치단체도 등기신청의 당사자능력이 인정되므로 읍·면도 등기신청적격이 인정된다.

③ 법무사는 매매계약에 따른 소유권이전등기를 매도인과 매수인 쌍방을 대리하여 신청할 수 있다.

④ 법인 아닌 사단인 종중이 건물을 매수한 경우, 종중의 대표자는 종중 명의로 소유권이전등기를 신청할 수 있다.

⑤ 채권자 대위등기를 신청할 때 대위원인을 증명하는 정보를 첨부하여야 한다.

제 2 절 공동신청

대표유형

등기권리자와 등기의무자가 공동으로 등기신청을 해야 하는 것은? (단, 판결 등 집행권원에 의한 등기신청은 제외함)   제35회

① 소유권보존등기의 말소등기를 신청하는 경우

② 법인의 합병으로 인한 포괄승계에 따른 등기를 신청하는 경우

③ 등기명의인표시의 경정등기를 신청하는 경우

④ 토지를 수용한 사업시행자가 수용으로 인한 소유권이전등기를 신청하는 경우

⑤ 변제로 인한 피담보채권의 소멸에 의해 근저당권설정등기의 말소등기를 신청하는 경우

해설 ⑤ 변제로 인한 피담보채권의 소멸에 의해 근저당권설정등기의 말소등기를 신청하는 경우에는 등기의무자(근저당권자)와 등기권리자(근저당권설정자)가 공동으로 신청하여야 한다.   ◆ 정답 ⑤

---

05 등기권리자 또는 등기명의인이 단독으로 신청하는 등기에 관한 설명으로 틀린 것을 모두 고른 것은?

공동신청

㉠ 등기의 말소를 공동으로 신청해야 하는 경우, 등기의무자의 소재불명으로 제권판결을 받으면 등기권리자는 그 사실을 증명하여 단독으로 등기의 말소를 신청할 수 있다.

㉡ 공유물분할판결에 따른 소유권이전등기는 등기의무자와 등기권리자가 공동으로 신청한다.

㉢ 이행판결에 의한 등기는 승소한 등기권리자가 단독으로 신청할 수 있다.

㉣ 권리의 말소등기는 단독으로 신청하는 것이 원칙이다.

㉤ 등기명의인 표시변경등기는 해당 권리의 등기명의인이 단독으로 신청할 수 있다.

① ㉠, ㉢   ② ㉠, ㉣   ③ ㉡, ㉣

④ ㉡, ㉤   ⑤ ㉢, ㉤

06 공동으로 등기신청할 수 있는 것을 모두 고른 것은? (단, 판결 등 집행권원에 의한 신청은 제외함)

⭐
공동신청

> ㉠ 전세권자가 그 토지의 소유권을 취득한 때 전세권의 말소등기 신청
> ㉡ 토지를 수용한 한국토지주택공사의 소유권이전등기 신청
> ㉢ 근저당권의 채권최고액을 증액하는 근저당권자의 변경등기 신청
> ㉣ 포괄유증을 원인으로 하는 수증자의 소유권이전등기 신청

① ㉠   ② ㉠, ㉡   ③ ㉢, ㉣
④ ㉠, ㉢, ㉣   ⑤ ㉡, ㉢, ㉣

제3절 단독신청

대표유형

1. 확정판결에 의한 등기신청에 관한 설명으로 틀린 것은? 제24회

① 공유물분할판결을 첨부하여 등기권리자가 단독으로 공유물분할을 원인으로 한 지분이전등기를 신청할 수 있다.

② 승소한 등기권리자가 판결에 의한 등기신청을 하지 않는 경우에는 패소한 등기의무자도 그 판결에 의한 등기신청을 할 수 있다.

③ 승소한 등기권리자가 그 소송의 변론종결 후 사망하였다면, 상속인이 그 판결에 의해 직접 자기명의로 등기를 신청할 수 있다.

④ 채권자 대위소송에서 채무자가 그 소송이 제기된 사실을 알았을 경우, 채무자도 채권자가 얻은 승소판결에 의하여 단독으로 그 등기를 신청할 수 있다.

⑤ 등기절차의 이행을 명하는 판결이 확정된 후, 10년이 지난 경우에도 그 판결에 의한 등기신청을 할 수 있다.

해설 ② 판결에 의한 등기는 승소한 등기권리자 또는 등기의무자만으로 단독신청할 수 있다(법 제23조 제4항).

◆ 정답 ②

2. 소유권이전등기에 관한 내용으로 틀린 것은?   제26회

① 상속을 원인으로 하여 농지에 대한 소유권이전등기를 신청하는 경우, 농지취득자격증명은 필요하지 않다.

② 소유권의 일부에 대한 이전등기를 신청하는 경우, 이전되는 지분을 신청정보의 내용으로 등기소에 제공하여야 한다.

③ 소유권이 대지권으로 등기된 구분건물의 등기기록에는 건물만에 관한 소유권이전등기를 할 수 없다.

④ 소유권이전등기절차의 이행을 명하는 확정판결이 있는 경우, 그 판결 확정 후 10년을 경과하면 그 판결에 의한 등기를 신청할 수 없다.

⑤ 승소한 등기권리자가 단독으로 판결에 의한 소유권이전등기를 신청하는 경우, 등기의무자의 권리에 관한 등기필정보를 제공할 필요가 없다.

해설 ④ 소유권이전등기절차의 이행을 명하는 확정판결을 받았다면 그 확정시기가 언제인가에 관계없이 그 판결에 의한 소유권이전등기를 신청할 수 있다(예규 제1692호).   ◆ 정답 ④

07 판결에 의한 소유권이전등기신청에 관한 설명으로 틀린 것은?

단독신청

① 변론종결 후 부동산의 표시에 변경이 발생한 경우에도 판결의 경정절차 없이 판결에 의한 등기신청을 할 수 있다.

② 공유물분할판결에 의한 소유권이전등기는 등기의무자가 단독으로 신청할 수 있다.

③ 소유권이전등기의 이행판결에 가집행이 붙은 경우에도, 판결이 확정되지 아니하면 소유권이전등기를 신청할 수 없다.

④ 판결에 의한 소유권이전등기신청서에는 판결정본과 그 판결에 대한 송달증명서를 첨부하여야 한다.

⑤ 가처분결정에 등기절차의 이행을 명하는 조항이 기재되어 있더라도 등기권리자는 이 가처분결정에 따라 단독으로 등기를 신청할 수는 없다.

08 확정판결에 의한 등기신청에 관한 설명으로 틀린 것은?

단독신청

① 부동산의 일부 지분에 대하여 말소를 명하는 판결이 확정되어 그에 따른 등기신청이 있는 경우에는 일부말소 의미의 경정등기를 하여야 한다.

② 패소한 등기의무자 또는 등기권리자는 그 판결에 의한 등기신청을 할 수 없다.

③ 채권자 대위소송에서 채무자가 그 소송이 제기된 사실을 알았을 경우, 채무자도 채권자가 얻은 승소판결에 의하여 단독으로 그 등기를 신청할 수 있다.

④ 승소한 등기의무자가 소유권이전등기를 단독으로 신청하는 경우에는 등기필정보를 등기소에 제공하여야 한다.

⑤ 판결이 확정된 후 10년이 경과하여 소멸시효 완성의 의심이 있는 경우, 등기관은 시효의 중단 여부 등을 알 수 없으므로 판결에 의한 등기신청을 각하하여야 한다.

09 단독으로 신청할 수 있는 등기를 모두 고른 것은? (단, 판결에 의한 신청은 제외)

단독신청

㉠ 존재하지 않는 건물에 대한 멸실등기
㉡ 특정유증으로 인한 소유권이전등기
㉢ 주소이전에 따른 등기명의인표시의 변경등기
㉣ 채권최고액을 증액하는 근저당권변경등기
㉤ 공유물분할판결에 따른 등기의무자의 소유권이전등기

① ㉠, ㉢   ② ㉡, ㉣   ③ ㉠, ㉣, ㉤
④ ㉠, ㉢, ㉤   ⑤ ㉡, ㉢, ㉣, ㉤

제 4 절 대위신청

대표유형

채권자 甲이 채권자대위권에 의하여 채무자 乙을 대위하여 등기신청하는 경우에 관한 설명으로 옳은 것을 모두 고른 것은?

제31회

> ㉠ 乙에게 등기신청권이 없으면 甲은 대위등기를 신청할 수 없다.
> ㉡ 대위등기신청에서는 乙이 등기신청인이다.
> ㉢ 대위등기를 신청할 때 대위원인을 증명하는 정보를 첨부하여야 한다.
> ㉣ 대위신청에 따른 등기를 한 경우, 등기관은 乙에게 등기완료의 통지를 하여야 한다.

① ㉠, ㉡   ② ㉠, ㉢   ③ ㉡, ㉣
④ ㉠, ㉢, ㉣   ⑤ ㉡, ㉢, ㉣

해설 ㉡ 채권자 甲이 채권자대위권에 의하여 채무자 乙을 대위하여 등기신청하는 경우이므로 등기신청인은 乙이 아닌 甲이 되어야 한다.

◆ 정답 ④

10

대위신청

등기신청에 관한 설명 중 틀린 것은?

① 甲, 乙 간의 매매 후 등기 전에 매수인 乙이 사망한 경우 乙의 상속인 丙은 甲과 공동으로 丙명의의 소유권이전등기를 신청할 수 있다.

② 甲·乙·丙·丁 순으로 매매가 이루어졌으나 등기명의인이 甲인 경우 최종매수인 丁은 乙과 丙을 순차로 대위하여 소유권이전등기를 신청할 수 있다.

③ 법인 아닌 사단에 속하는 부동산에 관한 등기는 그 사단의 명의로 신청할 수 있다.

④ 근저당권설정자가 사망한 경우 근저당권자는 임의경매신청을 하기 위하여 근저당권의 목적인 부동산의 상속등기를 대위신청할 수 있다.

⑤ 민법상 조합을 등기의무자로 한 근저당권설정등기는 신청할 수 없지만, 채무자로 표시한 근저당권설정등기는 신청할 수 있다.

11 채무자 甲을 대위하여 채권자 乙이 소유권이전등기를 신청하는 경우에 관한 설명으로 옳은 것을 모두 고른 것은?

대위신청

> ㉠ 甲은 등기권리자이고 乙은 등기신청인이다.
> ㉡ 등기관은 乙에게 등기필정보를 통지하여야 한다.
> ㉢ 등기관은 甲에게 등기완료의 통지를 하여야 한다.
> ㉣ 乙은 대위원인을 증명하는 정보를 등기소에 제공하여야 한다.

① ㉠, ㉡   ② ㉠, ㉢   ③ ㉡, ㉣
④ ㉠, ㉢, ㉣   ⑤ ㉡, ㉢, ㉣

12 부동산등기에 관한 설명으로 옳은 것은?

대위신청

① 甲이 자신의 부동산을 乙에게 매도하고 사망한 경우, 甲의 단독상속인 丙은 등기의무자로서 甲으로부터 乙로의 소유권이전등기를 대위하여 신청할 수 있다.

② 존재하지 아니하는 건물에 대한 등기가 있을 때 그 소유권의 등기명의인은 1개월 이내에 그 건물의 멸실등기를 신청하여야 한다.

③ 저당권부채권에 대한 질권의 설정등기는 할 수 없다.

④ 등기의 순서는 등기기록 중 같은 구(區)에서 한 등기 상호간에는 접수번호에 따르고, 다른 구에서 한 등기 상호간에는 순위번호에 따른다.

⑤ 대표자가 있는 법인 아닌 재단에 속하는 부동산의 등기에 관하여는 그 대표자를 등기권리자 또는 등기의무자로 한다.

제 5 절 등기신청정보

대표유형

1. 등기의무자의 등기필정보의 제공에 관한 설명으로 틀린 것은? 제20회

① 등기의무자의 등기필정보는 등기신청정보에 부동산의 고유번호, 성명, 일련번호 및 비밀번호를 기록하는 방식으로 제공하여야 한다.

② 유증을 원인으로 하는 소유권이전등기를 신청할 경우에는 등기의무자의 등기필정보를 등기소에 제공할 필요가 없다.

③ 소유권보존등기 또는 상속으로 인한 소유권이전등기를 신청할 경우에는 등기의무자의 등기필정보를 등기소에 제공할 필요가 없다.

④ 승소한 등기권리자가 판결에 의하여 소유권이전등기를 신청할 경우에는 등기의무자의 등기필정보를 등기소에 제공할 필요가 없다.

⑤ 승소한 등기의무자가 단독으로 소유권이전등기를 신청할 경우에는 등기의무자의 등기필정보를 등기소에 제공하여야 한다.

해설 ② 유증을 원인으로 하는 소유권이전등기를 신청하는 경우에는 등기의무자와 등기권리자가 공동신청하여야 하므로 등기의무자의 등기필정보를 등기소에 제공하여야 한다. ◆ 정답 ②

2. 등기신청에 관한 설명으로 틀린 것은? 제23회

① 공동신청이 요구되는 등기라 하더라도 다른 일방의 의사표시를 명하는 이행판결이 있는 경우에는 단독으로 등기를 신청할 수 있다.

② 甲소유의 부동산에 관하여 甲과 乙이 매매계약을 체결한 후 아직 등기신청을 하지 않고 있는 동안, 매도인 甲이 사망한 경우에는 상속등기를 생략하고 甲의 상속인이 등기의무자가 되어 그 등기를 신청할 수 있다.

③ 유증으로 인한 소유권이전등기는 수증자를 등기권리자, 유언집행자 또는 상속인을 등기의무자로 하여 공동으로 신청하여야 한다.

④ 같은 채권의 담보를 위하여 소유자가 다른 여러 개의 부동산에 대한 저당권설정등기를 신청하는 경우, 1건의 신청정보로 일괄하여 신청할 수 없다.

⑤ 甲, 乙, 丙 순으로 소유권이전등기가 된 상태에서 甲이 乙과 丙을 상대로 원인무효에 따른 말소판결을 얻은 경우, 甲이 확정판결에 의해 丙명의의 등기의 말소를 신청할 때에는 乙을 대위하여 신청하여야 한다.

해설 ④ 같은 채권의 담보를 위하여 소유자가 다른 여러 개의 부동산에 대한 저당권설정등기를 신청하는 경우, 1건의 신청정보로 일괄하여 신청할 수 있다. ◆ 정답 ④

3. 합유등기에 관한 설명으로 틀린 것은?　　　　제30회

① 민법상 조합의 소유인 부동산을 등기할 경우, 조합원 전원의 명의로 합유등기를 한다.

② 합유등기를 하는 경우, 합유자의 이름과 각자의 지분비율이 기록되어야 한다.

③ 2인의 합유자 중 1인이 사망한 경우, 잔존 합유자는 그의 단독소유로 합유명의인 변경등기 신청을 할 수 있다.

④ 합유자 중 1인이 다른 합유자 전원의 동의를 얻어 합유지분을 처분하는 경우, 지분이전등기 를 신청할 수 없다.

⑤ 공유자 전원이 그 소유관계를 합유로 변경하는 경우, 변경계약을 등기원인으로 변경등기를 신청해야 한다.

해설 ② 권리자가 2인 이상인 경우에는 권리자별 지분을 기록하여야 하지만, 등기할 권리가 합유(合有)인 때에 는 그 뜻을 기록하여야 하고 그 지분비율은 기록하지 아니한다(법 제48조 제4항).　　　　◑ 정답 ②

13
등기신청정보

매매를 원인으로 한 토지소유권이전등기를 신청하는 경우에 부동산등기규칙상 신청정보의 내용 으로 등기소에 제공해야 하는 사항으로 옳은 것은?

① 신청인이 법인인 경우에 그 대표자의 주민등록번호

② 신청근거규정

③ 토지의 표시에 관한 사항 중 표시번호

④ 등기의무자의 등기필정보

⑤ 대리인에 의하여 등기를 신청하는 경우에 그 대리인의 주민등록번호

14
등기신청정보

등기의무자의 등기필정보의 제공에 관한 설명으로 틀린 것은?

① 수용으로 인한 소유권이전등기 또는 소유권보존등기를 신청할 경우에는 등기의무자의 등기필정보를 등기소에 제공할 필요가 없다.

② 소유권이전등기를 신청하여 등기필정보를 통지받은 자가 그 소유권을 양도하기 위하여 이전등기를 신청할 경우, 등기필정보의 제공으로 등기필증의 제출을 대신할 수 있다.

③ 승소한 등기권리자가 판결에 의하여 소유권이전등기를 신청할 경우에는 등기의무자의 등기필정보를 등기소에 제공할 필요가 없다.

④ 등기의무자의 등기필정보는 등기신청정보에 부동산의 고유번호, 성명, 일련번호 및 비밀 번호를 기록하는 방식으로 제공하여야 한다.

⑤ 특정유증을 원인으로 하는 소유권이전등기를 신청할 경우에는 등기의무자의 등기필정 보를 등기소에 제공할 필요가 없다.

15 등기신청에 관한 설명으로 틀린 것은?

등기신청정보

① 신탁등기의 말소등기는 권리의 이전 또는 말소등기와 함께 1건의 신청정보로 일괄하여 신청할 수 없다.

② 甲, 乙, 丙 순으로 소유권이전등기가 된 상태에서 甲이 乙과 丙을 상대로 원인무효에 따른 말소판결을 얻은 경우, 甲이 확정판결에 의해 丙명의의 등기의 말소를 신청할 때에는 乙을 대위하여 신청하여야 한다.

③ 공동신청이 요구되는 등기라 하더라도 다른 일방의 의사표시를 명하는 이행판결이 있는 경우에는 단독으로 등기를 신청할 수 있다.

④ 甲소유의 부동산에 관하여 甲과 乙이 매매계약을 체결한 후 아직 등기신청을 하지 않고 있는 동안, 매도인 甲이 사망한 경우에는 상속등기를 생략하고 甲의 상속인이 등기의무자가 되어 그 등기를 신청할 수 있다.

⑤ 유증으로 인한 소유권이전등기는 수증자를 등기권리자, 유언집행자 또는 상속인을 등기의무자로 하여 공동으로 신청하여야 한다.

16 합유등기에 관한 설명으로 틀린 것은?

등기신청정보

① 공유자 전원이 그 소유관계를 합유로 변경하는 경우, 변경계약을 등기원인으로 변경등기를 신청해야 한다.

② 민법상 조합의 소유인 부동산을 등기할 경우, 조합원 전원의 명의로 합유등기를 하여야 한다.

③ 부동산의 합유지분에 대한 가압류 또는 가처분등기를 할 수 있다.

④ 합유자 중 1인이 다른 합유자 전원의 동의를 얻어 합유지분을 처분하는 경우, 지분이전등기를 신청할 수 없다.

⑤ 2인의 합유자 중 1인이 사망한 경우, 잔존 합유자는 그의 단독소유로 합유명의인 변경등기신청을 할 수 있다.

제 6 절   전자신청

대표유형

등기신청에 관한 설명으로 옳은 것은?   제29회

① 외국인은 「출입국관리법」에 따라 외국인등록을 하더라도 전산정보처리조직에 의한 사용자등록을 할 수 없으므로 전자신청을 할 수 없다.

② 법인 아닌 사단이 등기권리자로서 등기신청을 하는 경우, 그 대표자의 성명 및 주소를 증명하는 정보를 첨부정보로 제공하여야 하지만 주민등록번호를 제공할 필요는 없다.

③ 이행판결에 의한 등기는 승소한 등기권리자 또는 패소한 등기의무자가 단독으로 신청한다.

④ 신탁재산에 속하는 부동산의 신탁등기는 신탁자와 수탁자가 공동으로 신청하여야 한다.

⑤ 전자표준양식에 의한 등기신청의 경우, 자격자대리인(법무사 등)이 아닌 자도 타인을 대리하여 등기를 신청할 수 있다.

해설 ① 외국인은 전산정보처리조직에 의한 사용자등록을 하여 전자신청을 할 수 있다.
② 법인 아닌 사단이 등기신청을 하기 위해서는 신청서에 법인 아닌 사단의 대표자 또는 관리인의 성명, 주소 및 주민등록번호를 기재하여야 한다.
③ 판결에 의한 등기는 승소한 등기권리자 또는 등기의무자가 단독으로 신청한다(법 제23조 제4항). 따라서 패소한 자는 등기신청을 할 수가 없다.
④ 신탁등기는 수탁자(受託者)가 단독으로 신청한다.   ◆ 정답 ⑤

17

하
전자신청

전산정보처리조직에 의한 등기신청(이하'전자신청'이라 한다)에 관한 설명으로 옳은 것은?

① 전자신청에 대하여 보정사항이 있는 경우, 등기관은 반드시 서면으로 그 사유를 신청인에게 통지해야 한다.

② 법인이 아닌 사단의 경우, 그 사단 명의로 대표자가 전자신청을 할 수 있다.

③ 전자신청의 취하는 서면으로 해야 한다.

④ 법인이 전자신청을 하는 경우에는 전자증명서를 통한 이용등록을 하지 않아도 된다.

⑤ 사용자등록의 유효기간은 3년으로 한다. 다만, 자격자대리인 외의 자의 경우에는 그 기간을 단축할 수 있다.

18 **등기신청절차에 관한 설명으로 옳은 것은?**

① 지번이나 행정구역의 명칭이 변경되어 건축물대장의 기록내용이 변경되는 경우에는 소유권에 관한 등기명의인이 관할 등기소에 그 등기를 신청하여야 한다.

② 전자표준양식에 의한 등기신청의 경우, 자격자대리인(법무사 등)이 아닌 자도 타인을 대리하여 등기를 신청할 수 있다.

③ 외국인은 「출입국관리법」에 따라 외국인등록을 하더라도 전산정보처리조직에 의한 사용자등록을 할 수 없으므로 전자신청을 할 수 없다.

④ 법인 아닌 사단이 등기권리자로서 등기신청을 하는 경우, 그 대표자의 성명 및 주소를 증명하는 정보를 첨부정보로 제공하여야 하지만 주민등록번호를 제공할 필요는 없다.

⑤ 이행판결에 의한 등기는 승소한 등기권리자 또는 패소한 등기의무자가 단독으로 신청한다.

19 **甲이 그 소유의 부동산을 乙에게 매도한 경우에 관한 설명으로 틀린 것은?**

① 甲이 소유권이전등기신청에 협조하지 않는 경우, 乙은 승소판결을 받아 단독으로 소유권이전등기를 신청할 수 있다.

② 소유권이전등기가 마쳐지면, 乙은 등기신청을 접수한 때 부동산에 대한 소유권을 취득한다.

③ 乙이 부동산에 대한 소유권을 취득하기 위해서는 소유권이전등기를 해야 한다.

④ 乙은 甲의 위임을 받더라도 그의 대리인으로서 소유권이전등기를 신청할 수 없다.

⑤ 乙이 소유권이전등기신청에 협조하지 않는 경우, 甲은 乙에게 등기신청에 협조할 것을 소구(訴求)할 수 있다.

제7절 등기완료

등기필정보에 관한 설명으로 틀린 것은?   제30회

① 승소한 등기의무자가 단독으로 등기신청을 한 경우, 등기필정보를 등기권리자에게 통지하지 않아도 된다.
② 등기관이 새로운 권리에 관한 등기를 마친 경우, 원칙적으로 등기필정보를 작성하여 등기권리자에게 통지해야 한다.
③ 등기권리자가 등기필정보를 분실한 경우, 관할 등기소에 재교부를 신청할 수 있다.
④ 승소한 등기의무자가 단독으로 권리에 관한 등기를 신청하는 경우, 그의 등기필정보를 등기소에 제공해야 한다.
⑤ 등기관이 법원의 촉탁에 따라 가압류등기를 하기 위해 직권으로 소유권보존등기를 한 경우, 소유자에게 등기필정보를 통지하지 않는다.

해설 ③ 등기필정보는 재교부신청을 할 수 없다.   ◆정답 ③

20
●중●
등기완료

등기절차에 관한 설명으로 틀린 것은?

① 판결에 의한 소유권이전등기를 등기권리자가 단독으로 신청하는 경우에도 등기의무자와 등기권리자의 주소증명정보를 모두 등기소에 제공하여야 한다.
② 지방자치단체가 등기권리자인 경우, 등기관은 등기필정보를 작성·통지하지 않는다.
③ 자격자대리인이 아닌 사람은 타인을 대리하여 전자신청을 할 수 없다.
④ 전세권설정범위가 건물 일부인 경우, 전세권설정등기 신청시 건물도면을 첨부정보로서 등기소에 제공해야 한다.
⑤ 공유자 중 일부가 공유자 전원을 등기권리자로 하여 권리에 관한 등기를 신청한 경우, 등기관은 나머지 공유자에게 등기필정보를 작성·통지하지 않는다.

21
등기완료

등기필정보에 관한 설명으로 옳은 것은?

① 등기권리자가 등기필정보를 분실한 경우, 관할 등기소에 재교부를 신청할 수 있다.

② 승소한 등기의무자가 단독으로 권리에 관한 등기를 신청하는 경우, 그의 등기필정보를 등기소에 제공할 필요가 없다.

③ 등기관이 법원의 촉탁에 따라 가압류등기를 하기 위해 직권으로 소유권보존등기를 한 경우, 소유자에게 등기필정보를 통지하지 않는다.

④ 승소한 등기의무자가 단독으로 등기신청을 한 경우, 등기권리자에게 등기필정보를 통지하여야 한다.

⑤ 공유자 중 일부가 공유자 전원을 등기권리자로 하여 권리에 관한 등기를 신청한 경우에는 전원에게 등기필정보를 통지하여야 한다.

22
등기완료

등기필정보에 관한 설명으로 옳은 것은?

① 등기권리자의 채권자가 등기권리자를 대위하여 등기신청을 한 경우, 등기필정보는 그 대위채권자에게 통지된다.

② 등기명의인의 포괄승계인은 등기필정보의 실효신고를 할 수 없다.

③ 등기필정보는 아라비아 숫자와 그 밖의 부호의 조합으로 이루어진 일련번호와 비밀번호로 구성한다.

④ 법정대리인이 등기를 신청하여 본인이 새로운 권리자가 된 경우, 등기필정보는 특별한 사정이 없는 한 본인에게 통지된다.

⑤ 등기절차의 인수를 명하는 판결에 따라 승소한 등기의무자가 단독으로 등기를 신청하는 경우, 등기필정보를 등기소에 제공할 필요가 없다.

23
등기완료

등기필정보에 관한 설명으로 옳은 것은?

① 등기절차의 인수를 명하는 판결에 따라 승소한 등기의무자가 단독으로 등기를 신청하는 경우, 등기필정보를 등기소에 제공할 필요가 없다.

② 법정대리인이 등기를 신청하여 본인이 새로운 권리자가 된 경우, 등기필정보는 특별한 사정이 없는 한 본인에게 통지된다.

③ 등기명의인의 포괄승계인은 등기필정보의 실효신고를 할 수 없다.

④ 승소한 등기의무자가 단독으로 등기신청을 한 경우에는 등기필정보를 등기권리자에게 통지하지 않아도 된다.

⑤ 등기권리자의 채권자가 등기권리자를 대위하여 등기신청을 한 경우, 등기필정보는 그 대위채권자에게 통지된다.

제 8 절 등기관의 처분에 대한 이의신청

대표유형

1. 등기관의 처분에 대한 이의절차에 관한 설명으로 틀린 것은?   제28회

① 이의에는 집행정지의 효력이 없다.

② 새로운 사실이나 새로운 증거방법을 근거로 이의신청을 할 수 있다.

③ 관할 지방법원은 이의신청에 대하여 결정하기 전에 등기관에게 이의가 있다는 뜻의 부기등기를 명령할 수 있다.

④ 이의신청서에는 이의신청인의 성명과 주소, 이의신청의 대상인 등기관의 결정 또는 처분, 이의신청의 취지와 이유, 그 밖에 대법원예규로 정하는 사항을 적고 신청인이 기명날인 또는 서명하여야 한다.

⑤ 이의에 대한 결정의 통지는 결정서 등본에 의하여 한다.

해설 ② 등기관의 처분이 부당하다고 하여 이의신청을 하는 경우에는 그 결정 또는 처분시에 주장되거나 제출되지 아니한 새로운 사실이나 새로운 증거방법으로써 이의사유를 삼을 수 없다(법 제102조).   ◆ 정답 ②

2. 등기관의 처분에 대한 이의신청에 관한 설명으로 틀린 것은?   제34회

① 등기신청인이 아닌 제3자는 등기신청의 각하결정에 대하여 이의신청을 할 수 없다.

② 이의신청은 대법원규칙으로 정하는 바에 따라 관할 지방법원에 이의신청서를 제출하는 방법으로 한다.

③ 이의신청기간에는 제한이 없으므로 이의의 이익이 있는 한 언제라도 이의신청을 할 수 있다.

④ 등기관의 처분시에 주장하거나 제출하지 아니한 새로운 사실을 근거로 이의신청을 할 수 없다.

⑤ 등기관의 처분에 대한 이의신청이 있더라도 그 부동산에 대한 다른 등기신청은 수리된다.

해설 ② 이의신청은 관할 지방법원에 하여야 하지만, 이의신청서는 등기소에 제출하는 방법으로 하여야 한다.   ◆ 정답 ②

24 등기관의 처분에 대한 이의신청에 관한 설명으로 틀린 것은?

등기관의 처분에
대한 이의신청

① 이의신청기간에는 제한이 없으므로 이의의 이익이 있는 한 언제라도 이의신청을 할 수 있다.

② 등기관의 처분시에 주장하거나 제출하지 아니한 새로운 사실을 근거로 이의신청을 할 수 없다.

③ 등기관의 처분에 대한 이의신청이 있더라도 그 부동산에 대한 다른 등기신청은 수리된다.

④ 등기신청인이 아닌 제3자는 등기신청의 각하결정에 대하여 이의신청을 할 수 없다.

⑤ 이의신청은 관할 지방법원에 이의신청서를 제출하거나 전산정보처리조직을 이용하여 이의신청정보를 보내는 방법으로 한다.

25 등기관의 결정 또는 처분에 대한 이의에 관한 설명으로 틀린 것을 모두 고른 것은?

등기관의 처분에
대한 이의신청

> ㉠ 이의에는 집행정지의 효력이 있다.
> ㉡ 등기관은 이의가 이유 없다고 인정하면 이의신청일로부터 7일 이내에 의견을 붙여 이의신청서를 관할 지방법원에 보내야 한다.
> ㉢ 관할 지방법원은 이의신청에 대하여 결정하기 전에 등기관에게 이의가 있다는 뜻의 부기등기를 명령할 수 있다.
> ㉣ 이의신청자는 새로운 사실을 근거로 이의신청을 할 수 있다.

① ㉠, ㉢   ② ㉡, ㉣   ③ ㉠, ㉡, ㉣
④ ㉠, ㉢, ㉣   ⑤ ㉡, ㉢, ㉣

Chapter 02 소유권에 관한 등기

제1절 소유권보존등기

대표유형

1. 부동산등기에 관한 설명으로 틀린 것은? 제31회

① 규약에 따라 공용부분으로 등기된 후 그 규약이 폐지된 경우, 그 공용부분 취득자는 소유권이전등기를 신청하여야 한다.

② 등기할 건물이 구분건물인 경우에 등기관은 1동 건물의 등기기록의 표제부에는 소재와 지번, 건물명칭 및 번호를 기록하고, 전유부분의 등기기록의 표제부에는 건물번호를 기록하여야 한다.

③ 존재하지 아니하는 건물에 대한 등기가 있을 때 그 소유권의 등기명의인은 지체 없이 그 건물의 멸실등기를 신청하여야 한다.

④ 같은 지번 위에 1개의 건물만 있는 경우에는 건물의 등기기록의 표제부에 건물번호를 기록하지 않는다.

⑤ 부동산환매특약은 등기능력이 인정된다.

해설 ① 규약에 따라 공용부분으로 등기된 후 그 규약이 폐지된 경우, 그 공용부분 취득자는 소유권보존등기를 신청하여야 한다. ◆ 정답 ①

2. 소유권에 관한 등기의 설명으로 옳은 것을 모두 고른 것은? 제31회

㉠ 등기관이 소유권보존등기를 할 때에는 등기원인의 연월일을 기록한다.
㉡ 등기관이 미등기 부동산에 대하여 법원의 촉탁에 따라 소유권의 처분제한의 등기를 할 때에는 직권으로 소유권보존등기를 한다.
㉢ 등기관이 소유권의 일부에 관한 이전등기를 할 때에는 이전되는 지분을 기록하여야 하고, 그 등기원인에 분할금지약정이 있을 때에는 그 약정에 관한 사항도 기록하여야 한다.

① ㉠ ② ㉡ ③ ㉠, ㉡
④ ㉠, ㉢ ⑤ ㉡, ㉢

해설 ㉠ 등기관이 소유권이전등기를 할 때에는 등기원인 및 그 연월일을 기록하여야 하지만, 소유권보존등기를 할 때에는 등기원인 및 그 연월일은 기록하지 않는다. ◆ 정답 ⑤

3. 소유권등기에 관한 설명으로 틀린 것은? (다툼이 있으면 판례에 따름) 제34회

① 미등기 건물의 건축물대장상 소유자로부터 포괄유증을 받은 자는 자기명의로 소유권보존등기를 신청할 수 있다.

② 미등기 부동산이 전전 양도된 경우, 최후의 양수인이 소유권보존등기를 한 때에도 그 등기가 결과적으로 실질적 법률관계에 부합된다면, 특별한 사정이 없는 한 그 등기는 무효라고 볼 수 없다.

③ 미등기 토지에 대한 소유권을 군수의 확인에 의해 증명한 자는 그 토지에 대한 소유권보존등기를 신청할 수 있다.

④ 특정유증을 받은 자로서 아직 소유권등기를 이전받지 않은 자는 직접 진정명의회복을 원인으로 한 소유권이전등기를 청구할 수 없다.

⑤ 부동산 공유자의 공유지분 포기에 따른 등기는 해당지분에 관하여 다른 공유자 앞으로 소유권이전등기를 하는 형태가 되어야 한다.

해설 ③ 군수의 확인에 의해 소유권을 증명한 자는 건물에 대한 소유권보존등기를 신청할 수 있고, 토지에 대한 소유권보존등기는 신청할 수 없다. ◆ 정답 ③

01 소유권보존등기

부동산등기에 관한 설명으로 틀린 것은?

① 공유물의 소유권등기에 부기등기된 분할금지약정의 변경등기는 공유자 중 1인이 단독으로 신청할 수 없다.

② 대장에 소유자로 등록되어 있는 법인이 합병되어 소멸한 경우에는 합병 후 존속하는 법인이 자기 앞으로 직접 소유권보존등기를 할 수 있다.

③ 규약에 따라 공용부분으로 등기된 후 그 규약이 폐지된 경우, 그 공용부분 취득자는 소유권이전등기를 신청하여야 한다.

④ 1동의 건물에 속하는 구분건물 중 일부만에 관하여 소유권보존등기를 신청하는 경우에는 나머지 구분건물의 표시에 관한 등기를 동시에 신청하여야 한다.

⑤ 존재하지 아니하는 건물에 대한 등기가 있을 때 그 소유권의 등기명의인은 지체 없이 그 건물의 멸실등기를 신청하여야 한다.

02

소유권보존등기

미등기 부동산에 대하여 직권에 의한 소유권보존등기를 할 수 있는 경우에 해당하는 것은 모두 몇 개인가?

> ㉠ 가압류등기의 촉탁
> ㉡ 처분금지가처분등기의 촉탁
> ㉢ 가등기가처분등기의 촉탁
> ㉣ 압류등기의 촉탁
> ㉤ 경매개시결정등기의 촉탁
> ㉥ 임차권등기명령에 따른 주택임차권등기의 촉탁

① 1개   ② 2개   ③ 3개
④ 4개   ⑤ 5개

03

소유권보존등기

토지의 소유권보존등기에 관한 설명으로 옳은 것은?

① 확정판결에 의하여 자기의 소유권을 증명하여 소유권보존등기를 신청할 경우, 소유권을 증명하는 판결은 소유권확인판결에 한한다.

② 등기관이 소유권의 일부에 관한 이전등기를 할 때에는 이전되는 지분을 기록하여야 하고, 그 등기원인에 분할금지약정이 있을 때에는 그 약정에 관한 사항도 기록하여야 한다.

③ 등기관이 소유권보존등기를 할 때에는 등기기록에 등기원인과 그 연월일을 기록하여야 한다.

④ 특별자치도지사의 확인에 의해 자기의 소유권을 증명하여 소유권보존등기를 신청할 수 있다.

⑤ 토지대장의 최초 소유자로부터 미등기 토지를 증여받은 자는 직접 자기명의로 소유권보존등기를 신청할 수 있다.

04

소유권보존등기

미등기 토지에 대하여 자기명의로 소유권보존등기를 신청할 수 없는 자는?

① 특별자치도지사, 시장, 군수 또는 구청장의 확인에 의하여 자기의 소유권을 증명하는 자

② 수용으로 인하여 소유권을 취득하였음을 증명하는 자

③ 미등기 토지의 지적공부상 '국(國)'으로부터 소유권이전등록을 받은 자

④ 토지대장상 최초 소유자의 상속인

⑤ 판결에 의하여 자기의 소유권을 증명하는 자

05

소유권보존등기

미등기 토지의 소유권보존등기에 관한 설명으로 옳은 것은? (다툼이 있으면 판례에 따름)

① 甲과 乙이 공유하고 있는 미등기 토지에 대한 공유물분할판결이 있는 경우에는 토지의 분필절차를 거치지 않아도 직접 소유권보존등기를 할 수 있다.

② 토지대장에 최초의 소유자로 등록되어 있는 자로부터 그 토지를 포괄유증받은 자는 자기명의로 소유권보존등기를 신청할 수 있다.

③ 자치구 구청장의 확인에 의하여 자기의 토지소유권을 증명하는 자는 소유권보존등기를 신청할 수 있다.

④ 수용으로 인하여 소유권을 취득하였음을 증명하는 자는 자기명의로 소유권보존등기를 신청할 수 없다.

⑤ 확정판결에 의하여 자기의 소유권을 증명하여 소유권보존등기를 신청하는 자는 신청정보의 내용으로 등기원인과 그 연월일을 제공하여야 한다.

06

소유권보존등기

소유권보존등기에 관한 설명으로 옳은 것은?

① 등기관이 미등기 부동산에 관하여 과세관청의 촉탁에 따라 체납처분으로 인한 압류등기를 하기 위해서는 직권으로 소유권보존등기를 하여야 한다.

② 소유권보존등기를 신청하는 경우 신청인은 등기소에 등기필정보를 제공하여야 한다.

③ 토지에 대한 소유권보존등기의 경우, 등기원인과 그 연월일을 기록해야 한다.

④ 군수의 확인에 의하여 미등기 토지가 자기의 소유임을 증명하는 자는 보존등기를 신청할 수 있다.

⑤ 건물의 소유권보존등기를 신청하는 경우, 건물 표시를 증명하는 첨부정보를 제공해야 한다.

07

소유권보존등기

소유권등기에 관한 설명으로 틀린 것은? (다툼이 있으면 판례에 따름)

① 부동산 공유자의 공유지분 포기에 따른 등기는 해당지분에 관하여 다른 공유자 앞으로 소유권이전등기를 하는 형태가 되어야 한다.

② 미등기 부동산이 전전양도된 경우, 최후의 양수인이 소유권보존등기를 한 때에도 그 등기가 결과적으로 실질적 법률관계에 부합된다면, 특별한 사정이 없는 한 그 등기는 무효라고 볼 수 없다.

③ 미등기 토지에 대한 소유권을 군수의 확인에 의해 증명한 자는 그 토지에 대한 소유권보존등기를 신청할 수 있다.

④ 특정유증을 받은 자로서 아직 소유권등기를 이전받지 않은 자는 직접 진정명의회복을 원인으로 한 소유권이전등기를 청구할 수 없다.

⑤ 미등기 건물의 건축물대장상 소유자로부터 포괄유증을 받은 자는 자기명의로 소유권보존등기를 신청할 수 있다.

08 소유권보존등기에 관한 설명으로 틀린 것은? (다툼이 있으면 판례에 따름)

소유권보존등기

① 소송 당사자가 아닌 제3자의 소유임이 판명된 경우, 그 제3자는 판결의 효력을 받는 자가 아니므로 자기명의로 소유권보존등기를 신청할 수 없다.

② 미등기 토지에 대해 소유권의 처분제한등기촉탁이 있는 경우, 등기관이 직권으로 소유권보존등기를 한다.

③ 甲이 신축한 미등기 건물을 甲으로부터 매수한 乙은 甲명의로 소유권보존등기 후 소유권이전등기를 해야 한다.

④ 토지대장상 최초의 소유자인 甲의 미등기 토지가 상속된 경우, 甲명의로 보존등기를 한 후 상속인명의로 소유권이전등기를 한다.

⑤ 미등기 토지에 관한 소유권보존등기는 수용으로 인해 소유권을 취득했음을 증명하는 자도 신청할 수 있다.

09 소유권등기에 관한 설명으로 틀린 것은? (다툼이 있으면 판례에 따름)

소유권보존등기

① 대장상 소유자 표시에 착오가 있는 경우, 등록명의인이 누구인지 알 수 없을 때에는 국가를 상대로 소유권확인판결을 받아야 한다.

② 부동산의 공유자 중 1인이 자신의 지분을 포기한 경우에는 다른 공유자 앞으로 소유권이전등기를 하여야 한다.

③ 미등기 토지에 대한 소유권을 군수의 확인에 의해 증명한 자는 그 토지에 대한 소유권보존등기를 신청할 수 있다.

④ 미등기 부동산이 전전 양도된 경우, 최후의 양수인이 소유권보존등기를 한 때에도 그 등기가 결과적으로 실질적 법률관계에 부합된다면, 특별한 사정이 없는 한 그 등기는 무효라고 볼 수 없다.

⑤ 미등기 건물의 건축물대장상 소유자로부터 포괄유증을 받은 자는 자기명의로 소유권보존등기를 신청할 수 있다.

10

소유권보존등기

소유권보존등기의 내용으로 틀린 것은?

① 법원의 소유권에 관한 처분제한등기촉탁에 의하여 마쳐진 소유권보존등기는 소유자의 자발적인 말소신청이나 말소등기의 이행을 명하는 판결에 의하여서만 말소할 수 있다.

② 미등기 주택에 대하여 임차권등기명령에 의한 등기촉탁이 있는 경우에 등기관은 직권으로 소유권보존등기를 한 후 주택임차권등기를 하여야 한다.

③ 미등기 건물의 건축물대장에 최초의 소유자로 등록된 자로부터 포괄유증을 받은 자는 그 건물에 관한 소유권보존등기를 신청할 수 있다.

④ 1동의 건물의 일부 구분건물에 대하여 처분제한의 등기촉탁이 있는 경우 등기관은 소유권보존등기와 나머지 구분건물의 표시에 관한 등기를 동시에 하여야 한다.

⑤ 건물에 대하여 국가를 상대로 한 소유권 확인판결에 의해서 자기의 소유권을 증명하는 자는 소유권보존등기를 신청할 수 있다.

제2절 **소유권이전등기**

① 매 매

대표유형

등기신청의무와 관련한 설명 중 옳은 것은?   제16회

① 부동산매매계약을 체결한 경우 매수인은 매매계약일로부터 60일 이내에 등기를 신청하여야 한다.

② 甲이 乙로부터 무상으로 토지를 증여받았다면 증여의 효력이 발생한 날로부터 60일 이내에 등기를 신청하여야 한다.

③ 건물을 신축할 경우 소유자는 준공검사일로부터 60일 이내에 보존등기를 신청하여야 한다.

④ 건물대지의 지번의 변경 또는 대지권의 변경이 있는 경우 소유자는 그 변경일로부터 60일 이내에 변경등기를 신청하여야 한다.

⑤ 토지의 지목변경이 있는 경우 그 토지 소유명의인은 60일 이내에 표시변경의 등기신청을 하여야 한다.

해설 ① 부동산매매계약을 체결한 경우 매수인은 잔금지급일로부터 60일 이내에 등기를 신청하여야 한다.
③ 미등기부동산의 경우 원칙적으로 소유권보존등기신청의무는 없다.
④ 건물대지의 지번의 변경 또는 대지권의 변경이 있는 경우 소유자는 그 변경일로부터 1개월 이내에 변경등기를 하여야 한다.
⑤ 토지의 지목변경이 있는 경우 그 토지 소유명의인은 1개월 이내에 표시변경의 등기신청을 하여야 한다.

◆ 정답 ②

11

소유권이전등기

甲은 乙에게 甲 소유의 X부동산을 부담 없이 증여하기로 하였다. 「부동산등기 특별조치법」에 따른 부동산소유권등기의 신청에 관한 설명으로 틀린 것은? (다툼이 있으면 판례에 따름)

① 甲과 乙은 증여계약의 효력이 발생한 날부터 1개월 이내에 X부동산에 대한 소유권이전등기를 신청하여야 한다.

② 甲이 X부동산에 대한 소유권보존등기를 신청할 수 있음에도 이를 하지 않고 乙에게 증여하는 계약을 체결하였다면, 증여계약의 체결일이 보존등기 신청기간의 기산일이다.

③ 특별한 사정이 없으면, 신청기간 내에 X부동산에 대한 소유권이전등기를 신청하지 않아도 원인된 계약은 효력을 잃지 않는다.

④ 만일 甲이 乙에게 X부동산을 매도하였다면, 잔금 지급일이 그 소유권이전등기 신청기간의 기산일이다.

⑤ X부동산에 관한 소유권이전등기를 신청기간 내에 신청하지 않고 乙이 丙에게 소유권이전등기청구권을 양도하여도 당연히 그 양도행위의 사법상 효력이 부정되는 것은 아니다.

2 환매특약부 매매

대표유형

환매특약 등기에 관한 설명으로 틀린 것은?   제35회

① 매매로 인한 소유권이전등기의 신청과 환매특약등기의 신청은 동시에 하여야 한다.

② 환매등기의 경우 매도인이 아닌 제3자를 환매권리자로 하는 환매등기를 할 수 있다.

③ 환매특약등기에 처분금지적 효력은 인정되지 않는다.

④ 매매목적물의 소유권의 일부 지분에 대한 환매권을 보류하는 약정을 맺은 경우, 환매특약등기 신청은 할 수 없다.

⑤ 환매기간은 등기원인에 그 사항이 정하여져 있는 경우에만 기록한다.

해설 ② 환매등기의 경우 매도인이 아닌 제3자를 환매권리자로 하는 환매등기는 할 수 없다.   ◆정답 ②

12

소유권이전등기

환매특약의 등기에 관한 설명으로 틀린 것은?

① 매수인이 지급한 대금을 기록해야 한다.

② 매매비용을 반드시 기록해야 한다.

③ 환매기간은 등기원인에 그 사항이 정하여져 있는 경우에만 기록한다.

④ 환매에 따른 권리취득의 등기를 한 경우, 등기관은 특별한 사정이 없는 한 환매특약의 등기를 직권으로 말소해야 한다.

⑤ 환매특약등기는 매매로 인한 소유권이전등기가 마쳐진 후에 신청해야 한다.

③ 토지수용

토지수용으로 인한 소유권이전등기를 하는 경우, 그 토지에 있던 다음의 등기 중 등기관이 직권으로 말소할 수 없는 것은? (단, 수용의 개시일은 2013. 4. 1.임)
제24회

① 2013. 2. 1. 상속을 원인으로 2013. 5. 1.에 한 소유권이전등기

② 2013. 2. 7. 매매를 원인으로 2013. 5. 7.에 한 소유권이전등기

③ 2013. 1. 2. 설정계약을 원인으로 2013. 1. 8.에 한 근저당권설정등기

④ 2013. 2. 5. 설정계약을 원인으로 2013. 2. 8.에 한 전세권설정등기

⑤ 2013. 5. 8. 매매예약을 원인으로 2013. 5. 9.에 한 소유권이전청구권가등기

해설 ① 수용개시일 이전의 상속을 원인으로 한 수용개시일 이후의 소유권이전등기는 말소하지 아니한다.

◆ 정답 ①

13
소유권이전등기

소유권등기에 관한 내용으로 틀린 것은?

① 사업시행자가 수용 개시일까지 관할 토지수용위원회가 재결한 보상금을 지급하거나 공탁하지 아니하였을 때에는 해당 토지수용위원회의 재결은 효력을 상실한다.

② 수용에 의한 소유권이전등기를 할 경우, 그 부동산의 처분제한등기와 그 부동산을 위해 존재하는 지역권등기는 직권으로 말소할 수 없다.

③ 집합건물의 규약상 공용부분에 대해 공용부분이라는 뜻을 정한 규약을 폐지한 경우, 공용부분의 취득자는 지체 없이 소유권보존등기를 신청해야 한다.

④ 멸실된 건물의 소유자인 등기명의인이 멸실 후 1개월 이내에 그 건물의 멸실등기를 신청하지 않는 경우, 그 건물대지의 소유자가 대위하여 멸실등기를 신청할 수 있다.

⑤ 민법상 조합은 그 자체의 명의로 소유권등기를 신청할 수 없다.

14

수용으로 인한 등기에 관한 설명으로 옳은 것을 모두 고른 것은?

> ㉠ 등기권리자의 단독신청에 따라 수용으로 인한 소유권이전등기를 하는 경우, 등기관은 그 부동산을 위해 존재하는 지역권의 등기를 직권으로 말소해서는 안 된다.
> ㉡ 수용으로 인한 소유권이전등기신청서에 등기원인은 토지수용으로, 그 연월일은 수용의 재결일로 기재해야 한다.
> ㉢ 수용으로 인한 소유권이전등기가 된 후 토지수용위원회의 재결이 실효된 경우, 그 소유권이전등기의 말소등기는 단독으로 신청한다.
> ㉣ 수용으로 인한 소유권이전등기는 토지수용위원회의 재결서를 등기원인증명정보로 첨부하여 사업시행자가 단독으로 신청할 수 있다.
> ㉤ 수용으로 인한 소유권이전등기를 신청하는 경우 토지거래허가정보는 등기소에 제공할 필요가 없다.

① ㉠, ㉡, ㉢   ② ㉠, ㉢, ㉣   ③ ㉠, ㉣, ㉤
④ ㉡, ㉢, ㉤   ⑤ ㉡, ㉣, ㉤

---

4 상 속

대표유형

농지법상의 농지에 대하여 소유권이전등기를 신청할 때 농지취득자격증명을 첨부할 필요가 없는 경우는?

제19회

① 부인이 남편 소유의 농지를 상속받은 경우
② 농지전용허가를 받은 농지를 개인이 매수한 경우
③ 영농조합법인이 농지를 매수한 경우
④ 개인이 국가로부터 농지를 매수한 경우
⑤ 아들이 아버지로부터 농지를 증여받은 경우

해설 ① 계약을 원인으로 하지 않는 소유권이전등기를 신청하는 경우에는 농지취득자격증명을 등기소에 제공할 필요가 없다.

◆정답 ①

15

소유권이전등기에 관한 설명으로 틀린 것을 모두 고른 것은? (다툼이 있으면 판례에 따름)

> ㉠ 甲소유 토지에 대해 甲과 乙의 가장매매에 의해 乙 앞으로 소유권이전등기가 된 후에 선의의 丙 앞으로 저당권설정등기가 설정된 경우, 甲과 乙은 공동으로 진정명의회복을 위한 이전등기를 신청할 수 있다.
> ㉡ 법정상속분에 따라 상속등기를 마친 후에 상속재산 협의분할이 있는 경우에는 부동산의 관할 등기소가 아닌 등기소도 그 신청에 따른 등기사무를 담당할 수 있다.
> ㉢ 甲소유 토지에 대해 사업시행자 乙이 수용보상금을 지급한 뒤 乙 명의로 재결수용에 기한 소유권이전등기를 하는 경우, 수용개시일 후 甲이 丙에게 매매를 원인으로 경료한 소유권이전등기는 직권 말소할 수 없다.
> ㉣ 협의분할에 의한 상속등기를 신청하는 경우 등기의무자의 등기필정보를 등기소에 제공하여야 한다.

① ㉠, ㉡   ② ㉠, ㉣   ③ ㉡, ㉢
④ ㉢, ㉣   ⑤ ㉡, ㉢, ㉣

5 유 증

대표유형

1. 유증으로 인한 소유권이전등기에 관한 설명으로 틀린 것은? 제24회

① 유증에 기한이 붙은 경우에는 그 기한이 도래한 날을 등기원인일자로 기록한다.
② 포괄유증은 수증자 명의의 등기가 없어도 유증의 효력이 발생하는 시점에 물권변동의 효력이 발생한다.
③ 유증으로 인한 소유권이전등기는 상속등기를 거쳐 수증자 명의로 이전등기를 신청하여야 한다.
④ 유증으로 인한 소유권이전등기 신청이 상속인의 유류분을 침해하는 내용이라 하더라도 등기관은 이를 수리하여야 한다.
⑤ 미등기 부동산이 특정유증된 경우, 유언집행자는 상속인 명의의 소유권보존등기를 거쳐 유증으로 인한 소유권이전등기를 신청하여야 한다.

해설 ③ 유증으로 인한 소유권이전등기는 상속등기를 거치지 않고 유증자로부터 직접 수증자 명의로 등기를 신청하여야 한다. 상속등기를 거쳐 수증자 명의로 이전등기를 신청할 수는 없다. ◆정답 ③

2. 소유권이전등기에 관한 설명으로 틀린 것은?

① 재결수용의 경우 관공서가 아닌 기업자(起業者)는 소유권이전등기를 단독으로 신청할 수 없다.

② 진정명의회복을 원인으로 하는 소유권이전등기에는 등기원인일자를 기록하지 않는다.

③ 자신의 토지를 매도한 자는 매수인에 대하여 소유권이전등기의 인수를 청구할 수 있다.

④ 유증의 목적 부동산이 미등기인 경우에는, 상속인 명의로 먼저 소유권보존등기를 한 다음 특정적 유증을 받은 자 앞으로 소유권이전등기를 신청해야 한다.

⑤ 토지거래허가구역 내의 토지를 매매하였으나 그 후 허가구역지정이 해제되었다면, 소유권이전등기 신청시 다시 허가구역으로 지정되었더라도 그 신청서에 토지거래허가서를 첨부할 필요가 없다.

해설 ① 재결수용의 경우 관공서가 아닌 기업자는 소유권이전등기를 단독으로 신청할 수 있다. ◆정답 ①

---

16 유증으로 인한 소유권이전등기 신청절차에 관한 설명으로 옳은 것은?

소유권이전등기

① 등기의무자의 등기필정보를 등기소에 제공할 필요가 없다.

② 유증으로 인한 소유권이전등기청구권보전의 가등기는 유언자의 사망 전후에 상관없이 신청할 수 있다.

③ 유언집행자가 여러 명인 경우 그 과반수 이상의 동의가 있으면 수증자 명의의 소유권이전등기를 할 수 있다.

④ 유증에 조건이 붙은 경우에도 유증자가 사망한 날을 등기원인일자로 등기신청정보에 기록한다.

⑤ 유증으로 인한 소유권이전등기신청이 상속인의 유류분을 침해하는 경우, 등기관은 이를 수리할 수 없다.

---

17 유증으로 인한 소유권이전등기에 관한 설명으로 틀린 것은?

소유권이전등기

① 유증으로 인한 소유권이전등기는 상속등기를 거쳐 수증자 명의로 이전등기를 신청하여야 한다.

② 유증으로 인한 소유권이전등기 전에 이미 상속등기가 마쳐졌다면, 상속등기를 말소하지 않고 상속인으로부터 유증으로 인한 소유권이전등기를 신청할 수 있다.

③ 유증의 목적 부동산이 미등기인 경우에는, 상속인 명의로 먼저 소유권보존등기를 한 다음 특정적 유증을 받은 자 앞으로 소유권이전등기를 신청해야 한다.

④ 유증에 기한이 붙은 경우에는 그 기한이 도래한 날을 등기원인일자로 기록한다.

⑤ 포괄유증은 수증자 명의의 등기가 없어도 유증의 효력이 발생하는 시점에 물권변동의 효력이 발생한다.

6 신 탁

대표유형

1. 신탁등기에 관한 설명으로 틀린 것은? 제27회

① 신탁등기시 수탁자가 甲과 乙인 경우, 등기관은 신탁재산이 甲과 乙의 합유인 뜻을 기록해야 한다.

② 등기관이 수탁자의 고유재산으로 된 뜻의 등기와 함께 신탁등기의 말소등기를 할 경우, 하나의 순위번호를 사용한다.

③ 수탁자의 신탁등기신청은 해당 부동산에 관한 권리의 설정등기, 보존등기, 이전등기 또는 변경등기의 신청과 동시에 해야 한다.

④ 신탁재산의 일부가 처분되어 권리이전등기와 함께 신탁등기의 변경등기를 할 경우, 각기 다른 순위번호를 사용한다.

⑤ 신탁등기의 말소등기신청은 권리의 이전 또는 말소등기나 수탁자의 고유재산으로 된 뜻의 등기신청과 함께 1건의 신청정보로 일괄하여 해야 한다.

해설 ④ 신탁재산의 일부가 처분되었거나 신탁의 일부가 종료되어 권리이전등기와 함께 신탁등기의 변경등기를 할 때에는 하나의 순위번호를 사용하고, 처분 또는 종료 후의 수탁자의 지분을 기록하여야 한다. ◆ 정답 ④

2. 신탁법에 따른 신탁의 등기에 관한 설명으로 옳은 것은? 제31회

① 수익자는 수탁자를 대위하여 신탁등기를 신청할 수 없다.

② 신탁등기의 말소등기는 수탁자가 단독으로 신청할 수 없다.

③ 하나의 부동산에 대해 수탁자가 여러 명인 경우, 등기관은 그 신탁부동산이 합유인 뜻을 기록하여야 한다.

④ 신탁재산에 속한 권리가 이전됨에 따라 신탁재산에 속하지 아니하게 된 경우, 신탁등기의 말소신청은 신탁된 권리의 이전등기가 마쳐진 후에 별도로 하여야 한다.

⑤ 위탁자와 수익자가 합의로 적법하게 수탁자를 해임함에 따라 수탁자의 임무가 종료된 경우, 신수탁자는 단독으로 신탁재산인 부동산에 관한 권리이전등기를 신청할 수 없다.

해설 ① 위탁자 또는 수익자는 수탁자를 대위하여 신탁등기를 신청할 수 있다.
② 신탁등기의 말소등기는 수탁자가 단독으로 신청할 수 있다.
④ 신탁등기의 말소신청은 신탁된 권리의 이전등기와 동시에 신청하여야 한다.
⑤ 수탁자를 해임함에 따라 수탁자의 임무가 종료된 경우, 신수탁자는 단독으로 신탁재산인 부동산에 관한 권리이전등기를 신청할 수 있다. ◆ 정답 ③

18 신탁등기에 관한 설명으로 틀린 것은?

소유권이전등기

① 신탁의 일부가 종료되어 권리이전등기와 함께 신탁등기의 변경등기를 할 때에는 하나의 순위번호를 사용한다.

② 여러 명의 수탁자 중 1인이 사임으로 인하여 임무가 종료된 경우, 임무종료된 수탁자를 제외하고 잔존 수탁자가 합유명의인 변경등기를 신청하여야 한다.

③ 신탁재산이 수탁자의 고유재산이 되었을 때에는 그 뜻의 등기를 주등기로 하여야 한다.

④ 신탁등기는 해당 신탁으로 인한 권리의 이전 또는 보존이나 설정등기와 함께 1건의 신청 정보로 일괄신청하여야 한다.

⑤ 신탁재산의 일부가 처분되어 권리이전등기와 함께 신탁등기의 변경등기를 할 경우에는, 각기 다른 순위번호를 사용한다.

19 신탁등기에 관한 설명으로 틀린 것은?

소유권이전등기

① 신탁등기의 신청은 위탁자를 등기의무자로 하고 수탁자를 등기권리자로 하여 공동으로 신청하여야 한다.

② 신탁재산이 소유권인 경우 등기관은 신탁재산에 속하는 부동산의 거래에 관한 주의사항을 신탁등기에 부기등기로 기록하여야 한다.

③ 신탁재산의 처분으로 수탁자가 얻은 부동산이 신탁재산에 속하게 된 경우, 수탁자가 단독으로 신탁등기를 신청할 수 있다.

④ 등기관이 신탁등기를 할 때에는 신탁원부를 작성하여야 하는데, 이때의 신탁원부는 등기기록의 일부로 본다.

⑤ 수탁자가 여러 명인 경우 등기관은 신탁재산이 합유인 뜻을 등기부에 기록하여야 한다.

20

소유권이전등기

신탁법에 따른 신탁의 등기에 관한 설명으로 옳은 것은?

① 신탁등기의 말소등기는 수탁자가 단독으로 신청할 수 없다.

② 수익자는 수탁자를 대위하여 신탁등기를 신청할 수 없다.

③ 하나의 부동산에 대해 수탁자가 여러 명인 경우, 등기관은 그 신탁부동산이 합유인 뜻을 기록하여야 한다.

④ 위탁자와 수익자가 합의로 적법하게 수탁자를 해임함에 따라 수탁자의 임무가 종료된 경우, 신수탁자는 단독으로 신탁재산인 부동산에 관한 권리이전등기를 신청할 수 없다.

⑤ 신탁재산에 속한 권리가 이전됨에 따라 신탁재산에 속하지 아니하게 된 경우, 신탁등기의 말소신청은 신탁된 권리의 이전등기가 마쳐진 후에 별도로 하여야 한다.

21

소유권이전등기

신탁등기에 관한 설명으로 옳은 것은?

① 등기관은 위탁자를 등기의무자로 하는 처분제한의 등기촉탁은 이를 수리할 수 있지만, 수탁자를 등기의무자로 하는 위와 같은 등기의 촉탁은 수리할 수 없다.

② 수익자가 수탁자를 대위하여 신탁등기를 신청할 경우, 해당 부동산에 대한 권리의 설정등기와 동시에 신청하여야 한다.

③ 신탁으로 인한 권리의 이전등기와 신탁등기는 별개의 등기이므로 그 순위번호를 달리한다.

④ 신탁종료로 신탁재산에 속한 권리가 이전된 경우, 수탁자는 단독으로 신탁등기의 말소등기를 신청할 수 있다.

⑤ 수탁자가 수인일 경우, 신탁재산은 수탁자의 공유로 한다.

Chapter 03 소유권 외의 권리에 관한 등기

제1절 소유권 외의 권리에 관한 등기

1 용익권에 관한 등기

대표유형

1. 각 권리의 설정등기에 따른 필요적 기록사항으로 옳은 것을 모두 고른 것은? 제25회

> ⊙ 지상권: 설정목적과 범위, 지료
> ⓛ 지역권: 승역지 등기기록에서 설정목적과 범위, 요역지
> ⓒ 전세권: 전세금과 설정범위
> ⓔ 임차권: 차임과 존속기간
> ⓜ 저당권: 채권액과 변제기

① ⊙
② ⓛ, ⓒ
③ ⓛ, ⓔ, ⓜ
④ ⊙, ⓒ, ⓔ, ⓜ
⑤ ⊙, ⓛ, ⓒ, ⓔ, ⓜ

해설 ⊙ 지상권: 지료는 임의적 기록사항이다.
ⓔ 임차권: 존속기간은 임의적 기록사항이다.
ⓜ 저당권: 변제기는 임의적 기록사항이다. ◆ 정답 ②

2. 임차권등기에 관한 설명으로 옳은 것을 모두 고른 것은? 제35회

> ⊙ 임차권설정등기가 마쳐진 후 임대차 기간 중 임대인의 동의를 얻어 임차물을 전대하는 경우, 그 전대등기는 부기등기의 방법으로 한다.
> ⓛ 임차권등기명령에 의한 주택임차권등기가 마쳐진 경우, 그 등기에 기초한 임차권이전등기를 할 수 있다.
> ⓒ 미등기 주택에 대하여 임차권등기명령에 의한 등기촉탁이 있는 경우, 등기관은 직권으로 소유권보존등기를 한 후 주택임차권등기를 해야 한다.

① ⊙
② ⓛ
③ ⊙, ⓒ
④ ⓛ, ⓒ
⑤ ⊙, ⓛ, ⓒ

해설 ⓛ 법원의 등기명령에 따른 주택임차권등기가 마쳐진 후에는, 그 등기에 기초한 임차권이전등기는 할 수 없다. ◆ 정답 ③

3. 등기관이 용익권의 등기를 하는 경우에 관한 설명으로 옳은 것은? 제34회

① 1필 토지 전부에 지상권설정등기를 하는 경우, 지상권 설정의 범위를 기록하지 않는다.

② 지역권의 경우, 승역지의 등기기록에 설정의 목적, 범위 등을 기록할 뿐, 요역지의 등기기록에는 지역권에 관한 등기사항을 기록하지 않는다.

③ 전세권의 존속기간이 만료된 경우, 그 전세권설정등기를 말소하지 않고 동일한 범위를 대상으로 하는 다른 전세권설정등기를 할 수 있다.

④ 2개의 목적물에 하나의 전세권설정계약으로 전세권설정등기를 하는 경우, 공동전세목록을 작성하지 않는다.

⑤ 차임이 없이 보증금의 지급만을 내용으로 하는 채권적 전세의 경우, 임차권설정등기기록에 차임 및 임차보증금을 기록하지 않는다.

해설 ① 지상권설정등기를 하는 경우, 지상권 설정의 범위를 기록하여야 한다.
② 지역권의 경우, 요역지의 등기기록에도 지역권에 관한 등기사항을 직권으로 기록하여야 한다.
③ 전세권의 존속기간이 만료된 경우, 그 전세권설정등기를 말소하지 않으면 동일한 범위를 대상으로 하는 다른 전세권설정등기를 할 수 없다.
⑤ 임차권설정등기기록에는 차임과 범위를 반드시 기록하여야 한다. ◆ 정답 ④

01

소유권 외의
권리에 관한 등기

권리의 설정등기에 따른 필요적 기록사항으로 옳은 것은 모두 몇 개인가?

> ㉠ 근저당권 : 채권최고액과 변제기
> ㉡ 임차권 : 차임과 설정범위
> ㉢ 전세권 : 전세금과 설정범위
> ㉣ 공동저당 대위 : 매각부동산, 매각대금, 선순위저당권자가 변제받은 금액
> ㉤ 지상권 : 설정목적과 범위, 지료

① 1개 ② 2개 ③ 3개
④ 4개 ⑤ 5개

02

소유권 외의
권리에 관한 등기

단독으로 신청할 수 있는 등기를 모두 고른 것은? (단, 판결에 의한 신청은 제외)

> ㉠ 법인합병을 원인으로 한 저당권이전등기
> ㉡ 승역지에 지역권설정등기를 하였을 경우, 요역지지역권등기
> ㉢ 신탁등기의 말소등기
> ㉣ 유증으로 인한 소유권이전등기
> ㉤ 근저당권의 채권최고액을 증액하는 변경등기

① ㉠, ㉡ ② ㉠, ㉣ ③ ㉡, ㉣
④ ㉠, ㉢, ㉤ ⑤ ㉢, ㉣, ㉤

03 등기절차에 관한 설명으로 틀린 것은?

소유권 외의
권리에 관한 등기

① 1필 토지의 일부에 대해 지상권설정등기를 신청하는 경우, 그 일부를 표시한 지적도를 첨부정보로서 등기소에 제공하여야 한다.

② 전세금반환채권의 일부양도를 원인으로 한 전세권 일부이전등기를 할 때에는 양도액을 신청정보에 기록하여야 한다.

③ 甲과 乙의 공유부동산에 丙명의의 전세권설정등기를 하는 경우, 甲과 乙 전원이 등기의 무자가 되어야 한다.

④ 등기원인에 위약금약정이 있는 경우, 등기관은 전세권설정등기를 할 때 이를 기록한다.

⑤ 임대차 차임지급시기에 관한 약정이 있는 경우, 임차권 등기에 이를 기록하지 않으면 그 등기는 무효이다.

04 용익권의 등기에 관한 설명으로 틀린 것은?

소유권 외의
권리에 관한 등기

① 지역권설정등기시 요역지 지역권의 등기사항은 등기관이 직권으로 기록하여야 한다.

② 등기관이 승역지에 지역권설정등기를 하고, 다른 부동산에 대하여 등기를 하여야 하는 경우에는 그 부동산의 관할 등기소가 다른 때에도 해당 등기를 할 수 있다.

③ 임차권설정등기를 할 때에 임차보증금약정이 있는 경우, 그 임차보증금은 등기사항이다.

④ 전세권의 설정범위가 토지의 일부인 경우, 그 부분을 표시한 토지대장정보를 등기소에 제공하여야 한다.

⑤ 임차권설정등기를 신청할 때에는 차임과 범위를 신청정보의 내용으로 제공하여야 한다.

05

소유권 외의
권리에 관한 등기

甲은 乙과 乙 소유 A건물 전부에 대해 전세금 5억원, 기간 2년으로 하는 전세권설정계약을 체결하고 공동으로 전세권설정등기를 신청하였다. 이에 관한 설명으로 틀린 것은?

① 등기관은 전세금과 설정범위를 기록하여야 한다.

② 등기관은 존속기간을 기록하여야 한다.

③ 전세권이 소멸하기 전에, 甲과 丙은 전세금반환채권의 일부양도에 따른 전세권일부이전등기를 신청할 수 있다.

④ 건물전세권의 존속기간이 만료되어 법정갱신이 된 경우, 그 전세권에 대한 저당권설정등기를 하기 위해서는 존속기간 연장을 위한 변경등기를 먼저 하여야 한다.

⑤ 전세권설정등기가 된 후에 甲과 丙이 A건물의 일부에 대한 전전세계약에 따라 전전세등기를 신청하는 경우, 그 부분을 표시한 건물도면을 첨부정보로 등기소에 제공하여야 한다.

06

소유권 외의
권리에 관한 등기

용익권의 등기에 관한 설명으로 틀린 것은?

① 지상권설정등기를 할 때에는 지상권설정의 목적을 기록하여야 한다.

② 지역권설정등기를 할 때에는 지역권설정의 목적을 기록하여야 한다.

③ 임차권설정등기를 할 때에 임차보증금에 관한 약정이 있는 경우, 그 임차보증금은 등기사항이다.

④ 지상권설정등기를 신청할 때 그 범위가 토지의 일부인 경우, 그 부분을 표시한 토지대장을 첨부정보로 등기소에 제공하여야 한다.

⑤ 임차권설정등기를 신청할 때에는 차임을 신청정보의 내용으로 제공하여야 한다.

07 등기관이 용익권의 등기를 하는 경우에 관한 설명으로 옳은 것은?

소유권 외의
권리에 관한 등기

① 1필 토지 전부에 지상권설정등기를 하는 경우, 지상권 설정의 범위를 기록하지 않는다.

② 지역권의 경우, 승역지의 등기기록에 설정의 목적, 범위 등을 기록할 뿐, 요역지의 등기 기록에는 지역권에 관한 등기사항을 기록하지 않는다.

③ 전세권의 존속기간이 만료된 경우, 그 전세권설정등기를 말소하지 않고 동일한 범위를 대상으로 하는 다른 전세권설정등기를 할 수 있다.

④ 차임이 없이 보증금의 지급만을 내용으로 하는 채권적 전세의 경우, 임차권설정등기기록에 차임 및 임차보증금을 기록하지 않는다.

⑤ 甲소유 부동산에 乙명의의 전세권설정등기가 마쳐진 후 소유권이 丙에게 이전된 경우, 전세권변경등기는 丙과 乙이 신청하여야 한다.

08 등기관이 용익권의 등기를 하는 경우에 관한 설명으로 옳은 것은?

소유권 외의
권리에 관한 등기

① 1필 토지 전부에 지상권설정등기를 하는 경우, 지상권 설정의 범위는 기록할 필요가 없다.

② 2개의 목적물에 하나의 전세권설정계약으로 전세권설정등기를 하는 경우에는, 공동전세 목록을 작성하여야 한다.

③ 전세권의 존속기간이 만료된 경우, 그 전세권설정등기를 말소하지 않고 동일한 범위를 대상으로 하는 다른 전세권설정등기를 할 수 있다.

④ 승역지의 등기기록에 지역권의 등기를 한 때에는 등기관은 요역지의 등기기록 중 을구에 지역권설정의 목적 · 범위 · 승역지의 표시 등을 직권으로 기록하여야 한다.

⑤ 차임이 없이 보증금의 지급만을 내용으로 하는 채권적 전세의 경우, 임차권설정등기기록에 차임 및 임차보증금을 기록하지 않는다.

2 저당권에 관한 등기

대표유형

1. 저당권의 등기에 관한 설명으로 틀린 것은?　　　　　　　　　　　　　제25회

① 공동저당설정등기를 신청하는 경우, 각 부동산에 관한 권리의 표시를 신청정보의 내용으로 등기소에 제공하여야 한다.

② 저당의 목적이 되는 부동산이 5개 이상인 경우, 등기신청인은 공동담보목록을 작성하여 등기소에 제공하여야 한다.

③ 금전채권이 아닌 채권을 담보하기 위한 저당권설정등기를 할 수 있다.

④ 대지권이 등기된 구분건물의 등기기록에는 건물만을 목적으로 하는 저당권설정등기를 하지 못한다.

⑤ 저당권부 채권에 대한 질권을 등기할 수 있다.

해설 ② 공동담보목록은 부동산이 5개 이상일 경우에 등기관이 작성하여야 한다.　　　◆정답 ②

2. 부동산 공동저당의 등기에 관한 설명으로 옳은 것을 모두 고른 것은?　　　제35회

　㉠ 공동저당의 설정등기를 신청하는 경우, 각 부동산에 관한 권리의 표시를 신청정보의 내용으로 등기소에 제공해야 한다.
　㉡ 등기관이 공동저당의 설정등기를 하는 경우, 각 부동산의 등기기록 중 해당 등기의 끝부분에 공동담보라는 뜻의 기록을 해야 한다.
　㉢ 등기관이 공동저당의 설정등기를 하는 경우, 공동저당의 목적이 된 부동산이 3개일 때에는 등기관은 공동담보목록을 전자적으로 작성해야 한다.

① ㉠　　　　　　　　　　② ㉢　　　　　　　　　　③ ㉠, ㉡

④ ㉡, ㉢　　　　　　　　⑤ ㉠, ㉡, ㉢

해설 ㉢ 등기관이 공동저당의 설정등기를 하는 경우, 공동저당의 목적이 된 부동산이 5개 이상일 때에는 등기관은 공동담보목록을 작성해야 한다.　　　　　　　　　　　　　　◆정답 ③

3. 甲은 乙에게 금전을 대여하면서 그 담보로 乙소유의 A부동산, B부동산에 甲명의로 공동저당권설정등기(채권액 1억원)를 하였다. 그 후 丙이 A부동산에 대하여 저당권설정등기(채권액 5천만원)를 하였다. 乙의 채무불이행으로 甲이 A부동산에 대한 담보권을 실행하여 甲의 채권은 완제되었으나 丙의 채권은 완제되지 않았다. 丙이 甲을 대위하고자 등기하는 경우 B부동산에 대한 등기기록 사항이 아닌 것은?　　　　　　　　　　　　　　　　　　　　　　　　　　제28회

① 채권액　　　　　　② 존속기간　　　　　　③ 매각대금

④ 매각 부동산　　　⑤ 선순위 저당권자가 변제받은 금액

해설 ② 등기관이 「민법」제368조 제2항 후단의 대위등기를 할 때에는 채권액과 채무자 외에 매각 부동산, 매각 대금, 선순위 저당권자가 변제받은 금액을 기록하여야 한다(법 제80조). 따라서 공동저당의 대위등기에서 존속기간은 등기기록 사항이 아니다.　　　　　　　　　　　　　　◆정답 ②

09 등기에 관한 내용으로 틀린 것은?

중
소유권 외의
권리에 관한 등기

① 일정한 금액을 목적으로 하지 않는 채권의 담보를 위한 저당권설정등기신청의 경우, 그 채권의 평가액을 신청정보의 내용으로 등기소에 제공해야 한다.

② 근저당권설정등기의 경우에는 채무자의 성명과 주소는 기록하여야 하지만 주민등록번호는 기록할 필요가 없다.

③ 등기관이 소유권일부이전등기를 할 경우, 이전되는 지분을 기록해야 한다.

④ 주택임차권등기명령에 따라 임차권등기가 된 경우, 그 등기에 기초한 임차권이전등기를 할 수 있다.

⑤ 지역권설정등기시 승역지소유자가 공작물의 설치의무를 부담하는 약정이 등기원인에 있는 경우에는 이를 기록하여야 한다.

10 저당권의 등기절차에 관한 설명으로 틀린 것은?

하
소유권 외의
권리에 관한 등기

① 일정한 금액을 목적으로 하지 않는 채권을 담보하기 위한 저당권설정등기를 신청하는 경우, 그 채권의 평가액을 신청정보의 내용으로 등기소에 제공하여야 한다.

② 3개의 부동산이 공동담보의 목적물로 제공되는 경우, 등기관은 공동담보목록을 작성하여야 한다.

③ 피담보채권의 일부양도를 이유로 저당권의 일부이전등기를 하는 경우, 등기관은 그 양도액도 기록하여야 한다.

④ 저당권의 이전등기를 신청하는 경우, 저당권이 채권과 같이 이전한다는 뜻을 신청정보의 내용으로 등기소에 제공하여야 한다.

⑤ 채무자와 저당권설정자가 동일한 경우에도 등기기록에 채무자를 표시하여야 한다.

11 근저당권등기에 관한 설명으로 옳은 것은?

상
소유권 외의
권리에 관한 등기

① 공동저당 부동산 중 일부의 매각대금을 먼저 배당하여 경매부동산의 후순위 저당권자가 대위등기를 할 경우, 선순위 저당권자가 변제받은 금액을 기록해야 한다.

② 여러 명의 채무자가 연대채무자인 근저당권설정등기의 경우에는 등기기록에도 그 뜻을 기록하여야 한다.

③ 부동산의 일부에 대한 근저당권설정등기는 할 수 있으나, 부동산의 공유지분에 대한 근저당권설정등기는 할 수 없다.

④ 1번 근저당권의 채권자가 여러 명인 경우, 그 근저당권설정등기의 채권최고액은 각 채권자별로 구분하여 기재한다.

⑤ 채권자가 등기절차에 협력하지 아니한 채무자를 피고로 하여 등기절차의 이행을 명하는 확정판결을 받은 경우, 채권자는 채무자와 공동으로 근저당권설정등기를 신청하여야 한다.

각종의 등기절차

대표유형

1. 건축물대장에 甲 건물을 乙 건물에 합병하는 등록을 2018년 8월 1일에 한 후, 건물의 합병등기를 하고자 하는 경우에 관한 설명으로 틀린 것은? 제29회

① 乙 건물의 소유권의 등기명의인은 건축물대장상 건물의 합병등록이 있은 날로부터 1개월 이내에 건물합병등기를 신청하여야 한다.

② 건물합병등기를 신청할 의무 있는 자가 그 등기신청을 게을리하였더라도, 「부동산등기법」상 과태료를 부과받지 아니한다.

③ 합병등기를 신청하는 경우, 乙 건물의 변경 전과 변경 후의 표시에 관한 정보를 신청정보의 내용으로 등기소에 제공하여야 한다.

④ 甲 건물에만 저당권등기가 존재하는 경우에 건물합병등기가 허용된다.

⑤ 등기관이 합병제한 사유가 있음을 이유로 신청을 각하한 경우 지체 없이 그 사유를 건축물 대장 소관청에 알려야 한다.

해설 ④ 토지의 합필이 제한되는 것과 마찬가지 이유로, 건물의 경우에도 그 일부에 저당권등기가 있는 건물에 대하여는 합병등기를 할 수 없다(법 제42조 제1항). ◆ 정답 ④

2. 등기상 이해관계 있는 제3자의 승낙이 없으면 부기등기가 아닌 주등기로 해야 하는 것은?
제23회

① 소유자가 주소를 변경하는 등기명의인표시의 변경등기

② 근저당권을 甲에서 乙로 이전하는 근저당권이전등기

③ 전세금을 9천만원에서 1억원으로 증액하는 전세권변경등기

④ 등기원인에 권리의 소멸에 관한 약정이 있을 경우, 그 약정에 관한 등기

⑤ 질권의 효력을 저당권에 미치도록 하는 권리질권의 등기

해설 ③ 전세금을 증액하는 전세권 변경등기에 관한 이해관계있는 제3자의 승낙을 얻은 경우에만 부기등기로 할 수 있다. ◆ 정답 ③

01 변경등기에 관한 설명 중 틀린 것은?

변경 · 경정등기

① 소유권이전등기신청정보의 등기의무자의 주소가 등기기록과 일치하지 않는 경우에는 직권으로 등기명의인표시변경등기를 하여야 한다.
② 건물의 구조가 변경된 경우 소유권의 등기명의인은 1개월 이내에 부동산변경등기를 신청하여야 한다.
③ 부동산표시에 관한 변경등기는 이해관계 있는 제3자의 승낙정보 또는 이에 대항할 수 있는 재판이 있음을 증명하는 정보를 등기소에 제공할 필요가 없다.
④ 건물의 면적이 변경된 경우에는 부기등기의 방법으로 변경등기를 하여야 한다.
⑤ 행정구역 명칭의 변경이 있을 때에는 등기관이 직권으로 변경된 사항을 등기하여야 한다.

02 등기상 이해관계 있는 제3자가 있는 경우에 그 제3자의 승낙이 없으면 부기등기로 할 수 없는 것은?

변경 · 경정등기

① 환매특약등기
② 지상권의 이전등기
③ 등기명의인표시의 변경등기
④ 지상권 위에 설정한 저당권의 이전등기
⑤ 근저당권에서 채권최고액 증액의 변경등기

03 권리에 관한 등기의 설명으로 틀린 것은?

변경 · 경정등기

① 등기관이 토지소유권의 등기명의인 표시변경등기를 하였을 때에는 지체 없이 그 사실을 지적소관청에 알려야 한다.
② 등기부 갑구(甲區)의 등기사항 중 권리자가 2인 이상인 경우에는 권리자별 지분을 기록하여야 하고, 등기할 권리가 합유인 경우에는 그 뜻을 기록하여야 한다.
③ 권리의 변경등기를 할 때 이해관계 있는 제3자가 있으면, 그 제3자의 승낙을 얻어야 한다.
④ 등기의무자의 소재불명으로 공동신청할 수 없을 때 등기권리자는 민사소송법에 따라 공시최고를 신청할 수 있고, 이에 따라 제권판결이 있으면 등기권리자는 그 사실을 증명하여 단독으로 등기말소를 신청할 수 있다.
⑤ 등기관이 새로운 권리의 등기를 마친 경우에 등기필정보의 통지를 원하지 않은 등기권리자에게는 등기필정보를 통지하지 않아도 된다.

04 부동산등기에 관한 설명으로 옳은 것은?

변경 · 경정등기

① 유증으로 인한 소유권이전등기는 상속등기를 거치지 않으면 유증자로부터 직접 수증자 명의로 신청할 수 없다.

② 유증으로 인한 소유권이전등기 신청이 상속인의 유류분을 침해하는 내용인 경우에는 등기관은 이를 수리할 수 없다.

③ 신탁재산이 소유권인 경우 등기관은 신탁재산에 속하는 부동산의 거래에 관한 주의사항을 하나의 순위번호로 기록하여야 한다.

④ 상속등기 경료 전의 상속재산분할협의에 따라 상속등기를 신청하는 경우, 등기원인일자는 '협의분할일'로 한다.

⑤ 권리의 변경등기는 그 등기로 등기상 이해관계 있는 제3자의 권리가 침해되는 경우, 그 제3자의 승낙 또는 이에 대항할 수 있는 재판이 있음을 증명하는 정보의 제공이 없으면 부기등기로 할 수 없다.

05 ( )에 들어갈 단어가 순서대로 짝지어진 것은?

변경 · 경정등기

이미 종료된 등기의 절차에 착오 또는 빠진 사항이 있어 원시적으로 등기 일부와 실체관계 사이에 불일치가 생긴 경우, 이를 시정하기 위하여 하는 등기를 ( )라 한다. 이는 불일치 사유가 원시적이라는 점에서, 후발적 사유에 의하여 그 일부만을 보정하는 ( )와 구별된다. 한편 일단 유효하게 성립한 등기의 전부가 후에 부적법하게 된 경우에는 ( )를 하게 되며, 건물의 일부가 멸실한 때에는 ( )의 형식으로 등기기록에 구현된다.

   ㉠ 말소등기   ㉡ 경정등기   ㉢ 변경등기

   ㉣ 멸실등기   ㉤ 회복등기

① ㉤, ㉡, ㉣, ㉢   ② ㉡, ㉢, ㉠, ㉢

③ ㉢, ㉡, ㉠, ㉣   ④ ㉡, ㉢, ㉣, ㉠

⑤ ㉤, ㉡, ㉢, ㉣

06
변경 · 경정등기

등기에 관한 설명으로 틀린 것은? (다툼이 있으면 판례에 따름)

① 등기의무자가 2인 이상일 경우, 직권으로 경정등기를 마친 등기관은 그 중 1인에게 통지하면 된다.

② 미등기부동산을 대장상 소유자로부터 양수인이 이전받아 양수인명의로 소유권보존등기를 한 경우, 그 등기가 실체관계에 부합하면 유효하다.

③ 전세권설정등기를 하기로 합의하였으나 당사자 신청의 착오로 임차권으로 등기된 경우, 그 불일치는 경정등기로 시정할 수 있다.

④ 권리자는 甲임에도 불구하고 당사자 신청의 착오로 乙명의로 등기된 경우, 그 불일치는 경정등기로 시정할 수 없다.

⑤ 건물에 관한 보존등기상의 표시와 실제건물과의 사이에 건물의 건축시기, 구조 등에 관하여 다소의 차이가 있다 할지라도 사회통념상 동일성 혹은 유사성이 인식될 수 있으면 그 등기는 당해 건물에 관한 등기로서 유효하다.

제 2 절 말소등기

대표유형

1. 절차법상 등기권리자와 등기의무자를 옳게 설명한 것을 모두 고른 것은?   제31회

⊙ 甲 소유로 등기된 토지에 설정된 乙 명의의 근저당권을 丙에게 이전하는 등기를 신청하는 경우, 등기의무자는 乙이다.

⊙ 甲에서 乙로, 乙에서 丙으로 순차로 소유권이전등기가 이루어졌으나 乙 명의의 등기가 원인무효임을 이유로 甲이 丙을 상대로 丙 명의의 등기 말소를 명하는 확정판결을 얻은 경우, 그 판결에 따른 등기에 있어서 등기권리자는 甲이다.

⊙ 채무자 甲에서 乙로 소유권이전등기가 이루어졌으나 甲의 채권자 丙이 등기원인이 사해행위임을 이유로 그 소유권이전등기의 말소판결을 받은 경우, 그 판결에 따른 등기에 있어서 등기권리자는 甲이다.

① ⓒ   ② ⓒ   ③ ㉠, ⓒ

④ ㉠, ⓒ   ⑤ ⓒ, ⓒ

해설 ⓒ 丙 명의의 소유권이전등기를 말소하는 경우이므로 등기의무자는 丙이고, 등기권리자는 甲이 아닌 乙이되어야 한다.   ◆ 정답 ④

2. 등기신청인에 관한 설명 중 옳은 것을 모두 고른 것은?　제33회

> ㉠ 부동산표시의 변경이나 경정의 등기는 소유권의 등기명의인이 단독으로 신청한다.
> ㉡ 채권자가 채무자를 대위하여 등기신청을 하는 경우, 채무자가 등기신청인이 된다.
> ㉢ 대리인이 방문하여 등기신청을 대리하는 경우, 그 대리인은 행위능력자임을 요하지 않는다.
> ㉣ 부동산에 관한 근저당권설정등기의 말소등기를 함에 있어 근저당권 설정 후 소유권이 제3자에게 이전된 경우, 근저당권설정자 또는 제3취득자는 근저당권자와 공동으로 그 말소등기를 신청할 수 있다.

① ㉠, ㉢　　　　② ㉡, ㉣　　　　③ ㉠, ㉢, ㉣
④ ㉡, ㉢, ㉣　　　⑤ ㉠, ㉡, ㉢, ㉣

해설 ㉡ 채권자가 채무자를 대위하여 등기신청을 하는 경우에는, 채무자가 아닌 채권자가 등기신청인이 되어야 한다.　◆정답 ③

07 말소등기에 관한 설명으로 옳은 것은 모두 몇 개인가?

말소등기

> ㉠ 전세권의 존속기간이 만료된 경우, 건물소유자는 그 전세권자와 공동으로 말소등기를 신청할 수 있다.
> ㉡ 등기의 일부를 말소하는 경우에는 말소등기가 아닌 변경등기를 하여야 한다.
> ㉢ 환매에 의한 권리취득의 등기를 하였을 때에는 환매특약의 말소등기는 공동으로 신청하여야 한다.
> ㉣ 甲소유 토지에 설정된 乙명의의 저당권을 丙에게 이전하는 등기를 신청하는 경우, 등기의무자는 甲이다.
> ㉤ 등기된 건물이 화재로 없어진 경우, 소유권의 등기명의인은 1개월 이내에 말소등기를 신청하여야 한다.

① 1개　　　　② 2개　　　　③ 3개
④ 4개　　　　⑤ 없음

08

말소등기

말소등기에 관한 설명으로 틀린 것은? (다툼이 있으면 판례에 따름)

① 말소등기에 관한 이해관계 있는 제3자가 있는 경우에는 그 제3자의 승낙정보 또는 이에 대항할 수 있는 재판이 있음을 증명하는 정보를 등기소에 제공하여야 한다.

② 말소되는 등기의 종류에는 제한이 없으며, 말소등기의 말소등기도 허용된다.

③ 말소등기는 기존의 등기가 원시적 또는 후발적인 원인에 의하여 등기사항 전부가 부적법할 것을 요건으로 한다.

④ 농지를 목적으로 하는 전세권설정등기가 실행된 경우, 등기관은 이를 직권으로 말소할 수 있다.

⑤ 피담보채무의 소멸을 이유로 근저당권설정등기가 말소되는 경우, 채무자를 추가한 근저당권 변경의 부기등기는 직권으로 말소하여야 한다.

09

말소등기

말소등기에 관한 설명으로 옳은 것은?

① 부동산이 甲 ⇨ 乙 ⇨ 丙 순으로 매도되었으나 등기명의가 甲에게 남아 있어 丙이 乙을 대위하여 소유권이전등기를 신청하는 경우 등기권리자는 丙이다.

② 저당권의 목적이 된 소유권이전등기의 말소등기를 신청하는 경우에는 이해관계 있는 제 3자인 저당권자의 승낙을 받아야 한다.

③ 소재불명으로 인하여 말소할 권리가 전세권 또는 저당권인 경우에 제권판결에 의하지 않고 전세금반환증서 또는 영수증에 의하여 등기권리자가 단독으로 말소등기를 신청할 수 있다.

④ 소유권이전청구권보전을 위한 가등기에 기해 본등기를 한 경우, 가등기 이후에 마쳐진 근저당권설정등기는 등기관이 등기명의인에게 직권말소를 하겠다는 통지를 한 후 소정의 기간을 기다려 직권으로 말소한다.

⑤ 농지를 목적으로 하는 전세권설정등기가 실행된 경우 당사자의 신청이 있어야 말소할 수 있다.

10

말소등기

등기신청에 관한 설명 중 옳은 것을 모두 고른 것은?

> ⊙ 채무자 甲에서 乙로 소유권이전등기가 이루어졌으나 甲의 채권자 丙이 등기원인이 사해행위임을 이유로 그 소유권이전등기의 말소판결을 받은 경우, 그 판결에 따른 등기에 있어서 등기권리자는 甲이다.
> ⓒ 甲 ⇨ 乙 ⇨ 丙 순으로 소유권이전등기가 이루어졌으나 乙 명의의 등기가 원인무효임을 이유로 甲이 丙을 상대로 丙 명의의 등기 말소를 명하는 확정판결을 얻은 경우, 그 판결에 따른 등기에 있어서 등기권리자는 甲이다.
> ⓒ 甲소유의 토지에 설정된 乙 명의의 근저당권을 丙에게 이전하는 등기를 신청하는 경우, 등기의무자는 乙이다.
> ⓔ 채권자가 채무자를 대위하여 소유권이전등기를 신청하는 경우, 등기권리자는 채무자이다.

① ⊙, ⓒ
③ ⊙, ⓒ, ⓔ
⑤ ⊙, ⓒ, ⓒ, ⓔ

② ⓒ, ⓔ
④ ⓒ, ⓒ, ⓔ

11

말소등기

말소등기에 관련된 설명으로 틀린 것은?

① 말소등기를 신청하는 경우, 그 말소에 대하여 등기상 이해관계 있는 제3자가 있으면 그 제3자의 승낙이 필요하다.

② 甲소유의 부동산에 대하여 乙명의의 근저당권설정등기, 丙명의의 소유권이전등기가 순차적으로 경료된 후에 乙명의의 근저당권설정등기를 피담보채권의 변제를 이유로 말소하고자 하는 경우, 乙은 단독으로 그 말소등기를 신청할 수 있다.

③ 말소된 등기의 회복을 신청하는 경우, 등기상 이해관계 있는 제3자가 있을 때에는 그 제3자의 승낙이 필요하다.

④ 甲소유 토지에 설정된 乙명의의 저당권을 丙에게 이전한 후, 저당권말소등기를 신청하는 경우, 등기의무자는 丙이다.

⑤ 가등기의무자는 가등기명의인의 승낙을 받아 단독으로 가등기의 말소를 신청할 수 있다.

15 권리에 관한 등기의 설명으로 틀린 것은?

말소등기

① 말소된 등기의 회복을 신청하는 경우, 등기상 이해관계 있는 제3자가 있을 때에는 그 제3자의 승낙이 필요하다.

② 저당권의 목적이 된 소유권의 말소등기에 있어서는 이해관계 있는 제3자인 저당권자의 동의가 필요하다.

③ 乙 명의의 전세권등기와 그 전세권에 대한 丙 명의의 가압류가 순차로 마쳐진 甲 소유 부동산에 대하여 乙 명의의 전세권등기를 말소하라는 판결을 받았다고 하더라도 그 판결에 의하여 전세권말소등기를 신청할 때에는 丙의 승낙서 또는 丙에게 대항할 수 있는 재판의 등본을 첨부해야 한다.

④ 권리의 변경등기를 할 때 등기상 이해관계 있는 제3자가 있으면, 그 제3자의 승낙을 얻어야 한다.

⑤ 전세금을 증액하는 전세권변경등기는 등기상 이해관계 있는 제3자의 승낙 또는 이에 대항할 수 있는 재판의 등본이 없으면 부기등기가 아닌 주등기로 해야 한다.

16 말소등기에 관한 설명으로 틀린 것은? (다툼이 있으면 판례에 따름)

말소등기

① 말소등기는 기존의 등기가 원시적 또는 후발적인 원인에 의하여 등기사항 전부가 부적법할 것을 요건으로 한다.

② 농지를 목적으로 하는 전세권설정등기가 실행된 경우, 등기관은 이를 직권으로 말소할 수 있다.

③ 말소되는 등기의 종류에는 제한이 없으며, 말소등기의 말소등기는 허용되지 아니한다.

④ 피담보채무의 소멸을 이유로 근저당권설정등기가 말소되는 경우, 채무자를 추가한 근저당권 변경의 부기등기는 당사자의 말소신청이 있어야 말소할 수 있다.

⑤ 말소등기신청의 경우에 '등기상 이해관계 있는 제3자'란 등기의 말소로 인하여 손해를 입을 우려가 있다는 것이 등기기록에 의하여 형식적으로 인정되는 자를 말한다.

제3절 부기등기

대표유형

1. 부기로 하는 등기로 옳은 것은? 제33회

① 부동산멸실등기

② 공유물 분할금지의 약정등기

③ 소유권이전등기

④ 토지분필등기

⑤ 부동산의 표시변경등기 등 표제부의 등기

해설 ① 부동산멸실등기, ③ 소유권이전등기, ④ 토지분필등기, ⑤ 부동산의 표시변경등기 등은 모두 주등기로 하여야 하지만, ② 공유물 분할금지의 약정등기는 반드시 부기등기로 하여야 한다. **◆ 정답 ②**

2. 부기등기할 사항이 아닌 것은? 제28회

① 저당권 이전등기

② 전전세권 설정등기

③ 부동산의 표시변경등기

④ 지상권을 목적으로 하는 저당권설정등기

⑤ 소유권 외의 권리에 대한 처분제한의 등기

해설 ③ 부동산의 표시변경등기는 표제부에서 실행하는 사실의 등기이므로 주등기로 하여야 한다. **◆ 정답 ③**

3. 부기등기를 하는 경우가 아닌 것은? 제22회

① 등기명의인이 개명(改名)한 경우에 하는 변경등기

② 공유물(共有物)을 분할하지 않기로 하는 약정의 등기

③ 지상권의 이전등기

④ 전세권을 목적으로 하는 저당권의 설정등기

⑤ 등기의 전부가 말소된 경우 그 회복등기

해설 ⑤ 전부말소회복등기는 주등기로 하고, 일부말소회복등기는 부기등기로 하여야 한다. **◆ 정답 ⑤**

17

중

부기등기

부기등기 형식으로 행하는 등기가 아닌 것은?

③ 지상권을 목적으로 한 저당권설정등기

① 이해관계 있는 제3자의 승낙을 얻은 저당권변경등기

② 전전세권설정등기

④ 소유권에 대한 가처분등기

⑤ 환매특약의 등기

18 저당권등기에 관한 설명으로 틀린 것은?

부기등기

① 전세권은 저당권의 목적이 될 수 있다.

② 토지소유권의 공유지분에 대하여 저당권을 설정할 수 있다.

③ 저당권설정등기를 한 토지 위에 설정자가 건물을 신축한 경우에는 저당권자는 토지와 함께 그 건물에 대해서도 경매청구를 할 수 있다.

④ 지상권을 목적으로 하는 저당권설정등기는 주등기에 의한다.

⑤ 저당권의 이전등기를 신청하는 경우에는 저당권이 채권과 같이 이전한다는 뜻을 신청정보의 내용으로 등기소에 제공하여야 한다.

19 저당권등기에 관한 설명으로 틀린 것은?

부기등기

① 저당권의 이전등기를 신청하는 경우에는 저당권이 채권과 같이 이전한다는 뜻을 신청정보의 내용으로 등기소에 제공하여야 한다.

② 공동근저당권의 채권최고액을 각 부동산별로 분할하는 근저당권변경등기는 신청할 수 없다.

③ 1필지 토지의 일부에 대해서는 저당권을 설정할 수 없다.

④ 토지소유권의 공유지분에 대하여 저당권을 설정할 수 있다.

⑤ 전세권을 목적으로 하는 저당권설정등기는 주등기에 의한다.

20 부기등기를 하는 경우가 아닌 것은?

부기등기

① 소유권 외의 권리에 대한 처분제한의 등기

② 권리소멸약정등기

③ 저당권실행을 위한 경매개시결정등기

④ 전세권을 목적으로 하는 저당권설정등기

⑤ 등기상 이해관계 있는 제3자의 승낙이 있는 경우, 권리의 변경등기

제4절 가등기

대표유형

1. 가등기에 관한 설명으로 옳은 것은?   제23회

① 가등기를 명하는 법원의 가처분명령이 있을 때에는 법원의 촉탁에 의하여 가등기를 하게 된다.

② 소유권이전등기청구권보전 가등기에 의하여 소유권이전의 본등기를 한 경우, 가등기 후 본등기 전에 마쳐진 해당 가등기상 권리를 목적으로 하는 가압류등기는 등기관이 직권으로 말소한다.

③ 가등기에 의하여 보전하려는 청구권이 장래에 확정될 것인 경우에는 가등기를 할 수 없다.

④ 가등기에 관하여 등기상 이해관계 있는 자도 가등기 명의인의 승낙을 받아 단독으로 가등기의 말소를 신청할 수 있다.

⑤ 지상권의 설정등기청구권보전가등기에 의하여 지상권 설정의 본등기를 한 경우, 가등기 후 본등기 전에 마쳐진 저당권설정등기는 등기관이 직권으로 말소한다.

해설 ① 가등기를 명하는 법원의 가처분명령이 있을 때에는 단독으로 신청할 수 있다.
② 소유권이전등기청구권보전 가등기에 의하여 소유권이전의 본등기를 한 경우, 가등기 후 본등기 전에 마쳐진 가등기상 권리를 목적으로 하는 가압류등기는 등기관의 직권말소대상이 아니다.
③ 가등기에 의하여 보전하는 청구권이 장래에 확정될 것인 경우에도 가등기를 할 수 있다.
⑤ 지상권의 설정등기청구권보전가등기에 의하여 지상권 설정의 본등기를 한 경우, 가등기 후 본등기 전에 마쳐진 저당권설정등기는 등기관의 직권말소대상이 아니다.   ◆ 정답 ④

2. X토지에 관하여 A등기청구권보전을 위한 가등기 이후, B-C의 순서로 각 등기가 적법하게 마쳐졌다. B등기가 직권말소의 대상인 것은? (A, B, C등기는 X를 목적으로 함)   제35회

	A	B	C
①	전세권설정	가압류등기	전세권설정본등기
②	임차권설정	저당권설정등기	임차권설정본등기
③	저당권설정	소유권이전등기	저당권설정본등기
④	소유권이전	저당권설정등기	소유권이전본등기
⑤	지상권설정	가압류등기	지상권설정본등기

해설 ④ 소유권이전청구권가등기에 의한 소유권이전의 본등기를 하는 경우 저당권설정등기는 등기관이 직권으로 말소하여야 한다.   ◆ 정답 ④

3. 가등기에 관한 설명으로 옳은 것은? (다툼이 있으면 판례에 따름) 제35회

① 소유권이전등기청구권 보전을 위한 가등기에 기한 본등기가 경료된 경우, 본등기에 의한 물권변동의 효력은 가등기한 때로 소급하여 발생한다.

② 소유권이전등기청구권 보전을 위한 가등기가 마쳐진 부동산에 처분금지가처분등기가 된 후 본등기가 이루어진 경우, 그 본등기로 가처분채권자에게 대항할 수 있다.

③ 정지조건부의 지상권설정청구권을 보전하기 위해서는 가등기를 할 수 없다.

④ 가등기된 소유권이전등기청구권이 양도된 경우, 그 가등기상의 권리의 이전등기를 가등기에 대한 부기등기의 형식으로 경료할 수 없다.

⑤ 소유권이전등기청구권 보전을 위한 가등기가 있으면 소유권이전등기를 청구할 어떤 법률관계가 있다고 추정된다.

해설 ① 소유권이전등기청구권 보전을 위한 가등기에 기한 본등기가 경료된 경우, 본등기에 의한 물권변동의 효력은 가등기한 때로 소급되지 아니한다.
③ 정지조건부의 지상권설정청구권을 보전하기 위한 가등기는 할 수 있다.
④ 가등기된 소유권이전등기청구권이 양도된 경우, 그 가등기상의 권리의 이전등기를 부기등기로 할 수 있다.
⑤ 가등기에는 추정적 효력이 인정되지 아니한다.　　　　　　　◆정답 ②

21

가등기

가등기에 관한 설명으로 틀린 것은?

① 부동산소유권이전의 청구권이 정지조건부인 경우에 그 청구권을 보전하기 위해 가등기를 할 수 있다.

② 가등기권리자는 가등기의무자의 승낙이 있는 경우에 단독으로 가등기를 신청할 수 있다.

③ 가등기명의인은 단독으로 가등기의 말소를 신청할 수 있다.

④ 가등기에 의하여 보전된 소유권이전청구권을 양도한 경우, 그 가등기상의 권리의 이전등기는 가등기에 대한 부기등기로 한다.

⑤ 가등기권리자는 가등기의무자의 주소지를 관할하는 법원의 가등기가처분명령을 받아 단독신청할 수 있다.

22 가등기에 관한 설명으로 옳은 것은?

가등기

① 소유권이전등기청구권이 정지조건부일 경우, 그 청구권보전을 위한 가등기를 신청할 수 없다.
② 매매대금의 지급을 담보하기 위하여 마쳐진 가등기에 의한 본등기를 신청하는 경우에는 가등기담보 등에 관한 법률의 청산절차가 필요하다.
③ 가등기 신청시 그 가등기로 보전하려고 하는 권리를 신청정보의 내용으로 등기소에 제공할 필요는 없다.
④ 가등기권리자가 가등기를 명하는 가처분명령을 신청할 경우, 가등기의무자의 주소지를 관할하는 지방법원에 신청한다.
⑤ 가등기에 관해 등기상 이해관계 있는 자가 가등기명의인의 승낙을 받은 경우, 단독으로 가등기의 말소를 신청할 수 있다.

23 가등기에 관한 설명으로 틀린 것은?

가등기

① 사인증여로 인하여 발생한 소유권이전등기청구권을 보전하기 위한 가등기는 할 수 있다.
② 가등기의무자도 가등기명의인의 승낙을 받아 단독으로 가등기의 말소를 청구할 수 있다.
③ 가등기에 기한 본등기는 공동신청이 원칙이나, 등기의무자의 협력이 없는 경우에는 의사진술을 명하는 판결을 받아 등기권리자가 단독으로 신청할 수 있다.
④ 하나의 가등기에 관하여 여러 사람의 가등기권리자가 있는 경우에 그 중 일부의 가등기권리자가 자기의 가등기 지분에 관하여 본등기를 신청할 수 없다.
⑤ 가등기를 마친 후에 가등기의무자가 사망한 경우, 가등기의무자의 상속인은 상속등기를 할 필요가 없이 가등기권리자와 공동으로 본등기를 신청할 수 있다.

24 가등기에 관한 설명으로 틀린 것은?

가등기

① 임차권설정등기청구권보전 가등기에 의한 본등기를 한 경우 가등기 후 본등기 전에 마쳐진 저당권설정등기는 직권말소의 대상이 아니다.
② 등기관이 소유권이전등기청구권보전 가등기에 의한 본등기를 한 경우, 가등기 후 본등기 전에 마쳐진 해당 가등기상 권리를 목적으로 하는 가처분등기는 직권으로 말소한다.
③ 가등기권리자는 가등기를 명하는 법원의 가처분명령이 있는 경우에는 단독으로 가등기를 신청할 수 있다.
④ 甲이 자신의 토지에 대해 乙에게 저당권설정청구권 보전을 위한 가등기를 해준 뒤 丙에게 그 토지에 대해 소유권이전등기를 했더라도 가등기에 기한 본등기 신청의 등기의무자는 甲이다.
⑤ 가등기를 한 후 본등기의 신청이 있을 때에는 가등기의 순위번호를 사용하여 본등기를 하여야 한다.

25 가등기에 관한 설명으로 틀린 것은?

① 임차권설정등기청구권보전 가등기에 의한 본등기를 마친 경우, 등기관은 가등기 후 본등기 전에 가등기와 동일한 부분에 마친 부동산용익권등기를 직권말소한다.

② 저당권설정등기청구권보전 가등기에 의한 본등기를 한 경우, 등기관은 가등기 후 본등기 전에 마친 제3자 명의의 부동산용익권등기를 직권말소할 수 없다.

③ 가등기명의인은 단독으로 그 가등기의 말소를 신청할 수 있다.

④ 가등기 후 본등기의 신청이 있는 경우, 가등기의 순위번호를 사용하여 본등기를 하여야 한다.

⑤ 소유권이전등기청구권보전 가등기에 의한 본등기를 한 경우, 등기관은 그 가등기 후 본등기 전에 마친 등기 전부를 직권말소한다.

26 단독으로 등기신청할 수 있는 것을 모두 고른 것은? (단, 판결 등 집행권원에 의한 신청은 제외함)

> ㉠ 토지수용의 재결실효에 따른 소유권이전등기의 말소등기
> ㉡ 토지를 수용한 한국토지주택공사의 소유권이전등기 신청
> ㉢ 가등기명의인의 가등기말소등기 신청
> ㉣ 포괄유증을 원인으로 하는 수증자의 소유권이전등기 신청

① ㉠ ② ㉠, ㉡ ③ ㉡, ㉢
④ ㉠, ㉢, ㉣ ⑤ ㉡, ㉢, ㉣

27 등기신청에 관한 설명으로 틀린 것은? (다툼이 있으면 판례에 따름)

① 건물이 멸실된 경우, 그 건물소유권의 등기명의인이 1개월 이내에 멸실등기신청을 하지 않으면 그 건물대지의 소유자가 그 건물소유권의 등기명의인을 대위하여 멸실등기를 신청할 수 있다.

② 가등기를 마친 후에 가등기권자가 사망한 경우, 그 상속인은 상속등기를 거쳐 가등기의 무자와 공동으로 본등기를 신청할 수 있다.

③ 피상속인으로부터 그 소유의 부동산을 매수한 매수인이 등기신청을 하지 않고 있던 중 상속이 개시된 경우, 상속인은 신분을 증명할 수 있는 서류를 첨부하여 피상속인으로부터 바로 매수인 앞으로 소유권이전등기를 신청할 수 있다.

④ 1동의 건물에 속하는 구분건물 중 일부만에 관하여 소유권보존등기를 신청하면서 나머지 구분건물의 표시에 관한 등기를 동시에 신청하는 경우, 구분건물의 소유자는 1동에 속하는 다른 구분건물의 소유자를 대위하여 그 건물의 표시에 관한 등기를 신청할 수 있다.

⑤ 상속인이 상속포기를 할 수 있는 기간 중이라도 상속인의 채권자는 대위권을 행사하여 상속등기를 신청할 수 있다.

28 가등기에 관한 설명으로 **틀린** 것은? (다툼이 있으면 판례에 따름)

가등기

① 가등기에 의하여 순위 보전의 대상이 되어 있는 물권변동청구권이 양도된 경우, 그 가등기상의 권리에 대한 이전등기를 할 수 있다.

② 가등기에 기한 본등기를 금지하는 취지의 가처분등기는 할 수 없다.

③ 임차권설정등기청구권보전 가등기에 의하여 본등기를 한 경우, 가등기 후 본등기 전에 마쳐진 당해 토지에 대한 저당권설정등기는 직권말소하여야 한다.

④ 소유권보존등기를 위한 가등기는 할 수 없다.

⑤ 소유권이전청구권이 장래에 확정될 것인 경우, 가등기를 할 수 있다.

제 5 절 **등기관의 직권등기**

대표유형

1. 등기관이 직권으로 말소할 수 없는 등기는? 제23회

① 甲소유 건물에 대한 乙의 유치권등기

② 甲소유 농지에 대한 乙의 전세권설정등기

③ 채권자 乙의 등기신청에 의한 甲소유 토지에 대한 가압류등기

④ 공동상속인 甲과 乙 중 乙의 상속지분만에 대한 상속등기

⑤ 위조된 甲의 인감증명에 의한 甲으로부터 乙로의 소유권이전등기

해설 ⑤ 위조된 甲의 인감증명에 의한 甲으로부터 乙로의 소유권이전등기는 법 제29조 제2호 소정의 사건이 등기할 것이 아닌 경우에 해당하지 아니하므로 등기관이 이를 직권말소할 수 없다. ◆정답 ⑤

2. 부동산등기법상 등기할 수 없는 것을 모두 고른 것은? 제34회

| ㉠ 분묘기지권 | ㉡ 전세권을 목적으로 하는 저당권 |
| ㉢ 주위토지통행권 | ㉣ 구분지상권 |

① ㉠, ㉢ ② ㉡, ㉣ ③ ㉠, ㉡, ㉢
④ ㉠, ㉢, ㉣ ⑤ ㉡, ㉢, ㉣

해설 ㉠ 분묘기지권, ㉢ 주위토지통행권은 등기할 수 없는 권리에 해당한다. ◆정답 ①

3. 부동산등기법 제29조 제2호의 '사건이 등기할 것이 아닌 경우'에 해당하는 것을 모두 고른 것은? (다툼이 있으면 판례에 따름)
제34회

> ㉠ 위조한 개명허가서를 첨부한 등기명의인 표시변경등기신청
> ㉡ 「하천법」상 하천에 대한 지상권설정등기신청
> ㉢ 법령에 근거가 없는 특약사항의 등기신청
> ㉣ 일부지분에 대한 소유권보존등기신청

① ㉠   ② ㉠, ㉡   ③ ㉢, ㉣
④ ㉡, ㉢, ㉣   ⑤ ㉠, ㉡, ㉢, ㉣

해설 ㉠ 위조한 개명허가서를 첨부한 등기명의인 표시변경등기신청은 법 제29조 제2호에 해당하는 각하사유가 아니다.
◆ 정답 ④

4. 등기신청의 각하사유로서 '사건이 등기할 것이 아닌 경우'를 모두 고른 것은?
제35회

> ㉠ 구분건물의 전유부분과 대지사용권의 분리처분 금지에 위반한 등기를 신청한 경우
> ㉡ 농지를 전세권설정의 목적으로 하는 등기를 신청한 경우
> ㉢ 공동상속인 중 일부가 자신의 상속지분만에 대한 상속등기를 신청한 경우
> ㉣ 소유권 외의 권리가 등기되어 있는 일반건물에 대해 멸실등기를 신청한 경우

① ㉠, ㉡   ② ㉡, ㉣   ③ ㉢, ㉣
④ ㉠, ㉡, ㉢   ⑤ ㉠, ㉡, ㉢, ㉣

해설 ㉣ 소유권 외의 권리가 등기되어 있는 일반건물에 대해 멸실등기를 신청한 경우는 법 제29조 제2호 소정의 사건이 등기할 것이 아닌 경우에 해당하는 등기가 아니다.
◆ 정답 ④

29
상
등기관의
직권등기

판결에 의한 등기에 관한 다음 설명 중 옳은 것은?

① 소유권이전등기 말소청구의 소에서 패소한 등기의무자도 그 판결에 의하여 직접 등기신청을 할 수 있다.

② 형사재판에서 원인 무효임이 판명된 소유권보존등기의 경우 등기관이 그 등기를 직권으로 말소할 수 있다.

③ 소유권이전등기절차이행을 명하는 확정판결을 받았다면 그 확정시기가 언제인가에 관계없이 그 판결에 의한 소유권이전등기신청을 할 수 있다.

④ 변론종결 후에 마쳐진 등기의 말소등기신청과 원인무효인 소유권이전등기의 말소등기신청은 별도로 하여야 한다.

⑤ 집행법원의 촉탁에 의하여 등기를 말소하는 때에는 그 말소에 대한 등기상 이해관계인의 승낙서 등을 첨부하여야 한다.

30 부동산등기법상 등기할 수 없는 것을 모두 고른 것은?

등기관의
직권등기

> ㉠ 유치권   ㉡ 지상권을 목적으로 하는 저당권
> ㉢ 주위토지통행권   ㉣ 지상권

① ㉠, ㉢   ② ㉡, ㉣   ③ ㉠, ㉡, ㉢
④ ㉠, ㉢, ㉣   ⑤ ㉡, ㉢, ㉣

31 등기할 수 있는 사항에 해당하는 것은?

등기관의
직권등기

① 관공서의 공매처분으로 인한 권리이전의 등기를 매수인 甲이 신청한 경우
② 甲소유 농지에 대하여 乙이 전세권설정등기를 신청한 경우
③ 甲소유 토지에 대하여 채권자 乙이 가압류등기를 신청한 경우
④ 공동상속인 甲과 乙 중 乙의 상속지분만에 대하여 상속등기를 신청한 경우
⑤ 甲과 乙이 공유한 건물에 대하여 甲의 지분만의 소유권이전등기를 신청한 경우

32 등기신청의 각하사유에 해당하는 것을 모두 고른 것은?

등기관의
직권등기

> ㉠ 저당권을 피담보채권과 분리하여 다른 채권의 담보로 하는 등기를 신청한 경우
> ㉡ 일부지분에 대한 소유권보존등기를 신청한 경우
> ㉢ 가등기에 기한 본등기금지 가처분등기를 신청한 경우
> ㉣ 물권적 청구권을 보전하기 위한 가등기를 신청한 경우

① ㉠, ㉡, ㉢   ② ㉠, ㉡, ㉣
③ ㉡, ㉢   ④ ㉡, ㉢, ㉣
⑤ ㉠, ㉡, ㉢, ㉣

33 등기신청의 각하사유에 해당하는 것을 모두 고른 것은?

상
등기관의
직권등기

> ㉠ 관공서의 공매처분으로 인한 권리이전의 등기를 매수인이 신청한 경우
> ㉡ 매매로 인한 소유권이전등기 이후에 환매특약등기를 신청한 경우
> ㉢ 소유권이전등기의무자의 등기기록상 주소가 신청정보의 주소로 변경된 사실이 명백한 경우
> ㉣ 전세권의 양도금지 특약을 등기신청한 경우

① ㉠, ㉡   ② ㉡, ㉢
③ ㉢, ㉣   ④ ㉠, ㉡, ㉢
⑤ ㉠, ㉡, ㉢, ㉣

34 등기신청의 각하 사유가 아닌 것은?

중
등기관의
직권등기

① 가등기가처분명령에 의하여 가등기권리자 甲이 乙소유 건물에 대하여 가등기신청을 한 경우
② 구분건물의 전유부분과 대지사용권의 분리처분 금지에 위반한 등기를 신청한 경우
③ 건물의 공유지분에 대한 전세권설정등기를 신청한 경우
④ 가압류결정에 의하여 가압류채권자 甲이 乙소유 토지에 대하여 가압류등기를 신청한 경우
⑤ 법령에 근거가 없는 특약사항의 등기를 신청한 경우

35 등기권리자 또는 등기명의인이 단독으로 신청하는 등기에 관한 설명으로 틀린 것을 모두 고른 것은?

상
등기관의
직권등기

> ㉠ 이행판결에 의한 등기는 승소한 등기권리자가 단독으로 신청할 수 있다.
> ㉡ 말소등기 신청시 말소등기에 대하여 이해관계 있는 제3자의 승낙이 있는 경우, 그 제3자 명의의 등기는 등기권리자의 단독신청으로 말소된다.
> ㉢ 등기명의인 표시변경등기는 해당 권리의 등기명의인이 단독으로 신청할 수 있다.
> ㉣ 등기의 말소를 공동으로 신청해야 하는 경우, 등기의무자의 소재불명으로 제권판결을 받으면 등기권리자는 그 사실을 증명하여 단독으로 등기의 말소를 신청할 수 있다.
> ㉤ 수용으로 인한 소유권이전등기를 하는 경우, 등기권리자는 그 목적물에 설정되어 있는 근저당권설정등기의 말소등기를 단독으로 신청하여야 한다.

① 1개   ② 2개   ③ 3개
④ 4개   ⑤ 5개

제 6 절 **처분제한등기**

대표유형

등기에 관한 설명으로 옳은 것은?   제20회

① 가압류가 등기된 부동산에 대하여는 소유권이전등기를 신청할 수 없다.

② 처분금지가처분이 등기된 부동산에 대하여는 소유권이전등기를 신청할 수 없다.

③ 가처분등기에는 청구금액도 기록하여야 한다.

④ 등기된 임차권에 대하여 가압류등기를 할 수 있다.

⑤ 가압류등기는 가압류채권자의 말소등기 신청이 있는 경우에만 말소할 수 있다.

해설 ① 가압류가 등기된 부동산에 대하여 처분금지효력이 있는 것은 아니므로 소유권이전등기를 신청할 수 있다.
② 처분금지가처분이 등기된 부동산에 대하여 처분금지효력이 있는 것은 아니므로 소유권이전등기를 신청할 수 있다.
③ 가압류등기에는 청구금액을 기록하나, 가처분등기에는 청구금액을 기록하지 아니한다.
⑤ 가압류집행의 취소결정을 한 때에는 법원은 그 가압류등기의 말소촉탁을 하고 등기관은 이 촉탁에 의하여 그 등기를 말소한다.
◆ 정답 ④

36

처분제한등기

가압류·가처분 등기에 관한 설명으로 옳은 것은?

① 소유권에 대한 가압류등기는 부기등기로 한다.

② 처분금지가처분이 등기된 부동산에 대하여는 소유권이전등기를 신청할 수 없다.

③ 가압류등기의 말소등기는 등기권리자와 등기의무자가 공동으로 신청해야 한다.

④ 부동산에 대한 처분금지가처분등기의 경우, 금전채권을 피보전권리로 기재한다.

⑤ 부동산의 공유지분에 대해서도 가압류등기가 가능하다.

37

처분제한등기

부동산등기에 관한 설명으로 옳은 것을 모두 고른 것은?

㉠ 국가 및 지방자치단체에 해당하지 않는 등기권리자는 재결수용으로 인한 소유권이전등기를 단독으로 신청할 수 있다.

㉡ 등기관은 재결수용으로 인한 소유권이전등기를 하는 경우에 그 부동산을 위하여 존재하는 지역권의 등기를 직권으로 말소하여야 한다.

㉢ 관공서가 공매처분을 한 경우에 등기권리자의 청구를 받으면 지체 없이 공매처분으로 인한 권리이전의 등기를 등기소에 촉탁하여야 한다.

㉣ 등기 후 등기사항에 변경이 생겨 등기와 실체관계가 일치하지 않을 때는 경정등기를 신청하여야 한다.

① ㉠, ㉢   ② ㉠, ㉣   ③ ㉡, ㉢

④ ㉠, ㉡, ㉣   ⑤ ㉡, ㉢, ㉣

38 등기를 할 수 없는 것은?

처분제한등기

① 지상권을 목적으로 하는 근저당권
② 부동산의 공유지분에 대한 처분금지가처분
③ 부동산의 합유지분에 대한 가압류
④ 등기된 임차권에 대한 가압류
⑤ 전세권에 대한 가압류

제7절 **집합건물의 등기**

대표유형

구분건물 등기기록의 표제부에 기록되지 않는 사항은?   제24회

① 전유부분 등기기록의 표제부에 건물번호
② 대지권이 있는 경우, 전유부분 등기기록의 표제부에 대지권의 표시에 관한 사항
③ 1동 건물 등기기록의 표제부에 소재와 지번
④ 대지권이 있는 경우, 1동 건물 등기기록의 표제부에 대지권의 목적인 토지의 표시에 관한 사항
⑤ 대지권등기를 하였을 경우, 1동 건물 등기기록의 표제부에 소유권이 대지권이라는 뜻

해설 ⑤ 소유권이 대지권이라는 뜻의 등기는 토지등기기록 갑구에 하여야 하므로, 표제부의 기록사항이 아니다. 한편, 지상권, 전세권 등이 대지권이라는 뜻의 등기는 토지등기기록 을구에 하여야 한다.   **정답 ⑤**

39 등기부 등에 관한 설명으로 틀린 것은?

집합건물의 등기

① 폐쇄한 등기기록은 영구히 보존해야 한다.
② A토지를 B토지에 합병하여 등기관이 합필등기를 한 때에는 A토지에 관한 등기기록을 폐쇄해야 한다.
③ 등기부 부본자료는 등기부와 동일한 내용으로 보조기억장치에 기록된 자료이다.
④ 구분건물 등기기록에는 표제부를 1동의 건물에 두고 전유부분에는 갑구와 을구만 둔다.
⑤ 등기사항증명서 발급 신청시 매매목록은 그 신청이 있는 경우에만 등기사항증명서에 포함하여 발급한다.

40

집합건물의 등기

부동산등기에 관한 설명으로 틀린 것은?

① 건물소유권의 공유지분 일부에 대하여는 전세권설정등기를 할 수 없다.

② 구분건물에 대하여는 전유부분마다 부동산 고유번호를 부여한다.

③ 폐쇄한 등기기록에 대해서는 등기사항의 열람은 가능하지만 등기사항증명서의 발급은 청구할 수 없다.

④ 전세금을 증액하는 전세권변경등기는 등기상 이해관계 있는 제3자의 승낙 또는 이에 대항할 수 있는 재판의 등본이 없으면 부기등기가 아닌 주등기로 해야 한다.

⑤ 등기관이 부기등기를 할 때에는 주등기 또는 부기등기의 순위번호에 가지번호를 붙여서 하여야 한다.

41

집합건물의 등기

집합건물의 등기에 관한 설명으로 옳은 것은?

① 1동건물의 등기기록의 표제부에 대지권의 목적인 토지의 표시에 관한 사항을 기록하고, 전유부분의 등기기록의 표제부에는 대지권의 표시에 관한 사항을 기록하여야 한다.

② 토지의 등기기록에 별도등기가 있다는 뜻의 등기는 1동건물의 등기기록의 표제부에 하여야 한다.

③ 토지의 등기기록에 소유권이 대지권이라는 뜻의 등기가 되어 있더라도, 그 토지에 대한 새로운 저당권설정등기를 할 수 있다.

④ 등기관이 구분건물의 대지권등기를 하는 경우에는 건축물대장 소관청의 촉탁으로 대지권의 목적인 토지의 등기기록에 소유권, 지역권, 전세권 또는 임차권이 대지권이라는 뜻을 기록하여야 한다.

⑤ 구분건물 등기기록에는 표제부를 1동의 건물에 두고 전유부분에는 갑구와 을구만 둔다.

42

집합건물의 등기

구분건물의 등기에 관한 설명으로 틀린 것은?

① 집합건물의 등기기록에 대지권의 등기를 한 경우, 등기관은 그 권리의 목적인 토지의 등기기록 중 해당 구에 대지권이라는 뜻을 직권으로 등기하여야 한다.

② 집합건물의 규약상 공용부분이라는 뜻을 정한 규약을 폐지한 경우, 그 공용부분의 취득자는 소유권보존등기를 신청하여야 한다.

③ 대지권의 표시에 관한 사항은 1동건물의 등기기록 표제부에 기록하여야 한다.

④ 1동의 건물에 속하는 구분건물 중 일부만에 관하여 소유권보존등기를 신청하는 경우에는 나머지 구분건물의 표시에 관한 등기를 동시에 신청하여야 한다.

⑤ 대지권의 변경이 있는 경우, 구분건물의 소유권의 등기명의인은 1동의 건물에 속하는 다른 구분건물의 소유권의 등기명의인을 대위하여 대지권변경등기를 신청할 수 있다.

부록

제35회 기출문제

* 제35회 공인중개사 문제와 정답 원안입니다(출제 당시 법령 기준).

01 공간정보의 구축 및 관리 등에 관한 법령상 지적소관청은 토지의 이동 등으로 토지의 표시 변경에 관한 등기를 할 필요가 있는 경우에는 지체 없이 관할 등기관서에 그 등기를 촉탁하여야 한다. 이 경우 등기촉탁의 대상이 <u>아닌</u> 것은?

① 지목변경   ② 지번변경
③ 신규등록   ④ 축척변경
⑤ 합병

02 공간정보의 구축 및 관리 등에 관한 법령상 지목의 구분 및 설정방법 등에 관한 설명으로 **틀린** 것은?

① 필지마다 하나의 지목을 설정하여야 한다.
② 1필지가 둘 이상의 용도로 활용되는 경우에는 주된 용도에 따라 지목을 설정하여야 한다.
③ 토지가 일시적 또는 임시적인 용도로 사용될 때에는 그 용도에 따라 지목을 변경하여야 한다.
④ 물을 상시적으로 이용하지 않고 닥나무·묘목·관상수 등의 식물을 주로 재배하는 토지의 지목은 "전"으로 한다.
⑤ 물을 상시적으로 직접 이용하여 벼·연(蓮)·미나리·왕골 등의 식물을 주로 재배하는 토지의 지목은 "답"으로 한다.

03 공간정보의 구축 및 관리 등에 관한 법령상 지상경계 및 지상경계점등록부 등에 관한 설명으로 **틀린** 것은?

① 지적공부에 등록된 경계점을 지상에 복원하는 경우에는 지상경계점등록부를 작성·관리하여야 한다.

② 토지의 지상경계는 둑, 담장이나 그 밖에 구획의 목표가 될 만한 구조물 및 경계점표지 등으로 구분한다.

③ 지상경계의 구획을 형성하는 구조물 등의 소유자가 다른 경우에는 그 소유권에 따라 지상경계를 결정한다.

④ 경계점 좌표는 경계점좌표등록부 시행지역의 지상경계점등록부의 등록사항이다.

⑤ 토지의 소재, 지번, 공부상 지목과 실제 토지이용 지목, 경계점의 사진 파일은 지상경계점등록부의 등록사항이다.

04 공간정보의 구축 및 관리 등에 관한 법령상 등록전환에 따른 지번부여시 그 지번부여지역의 최종 본번의 다음 순번부터 본번으로 하여 순차적으로 지번을 부여할 수 있는 경우에 해당하는 것을 모두 고른 것은?

ㄱ 대상토지가 여러 필지로 되어 있는 경우
ㄴ 대상토지가 그 지번부여지역의 최종 지번의 토지에 인접하여 있는 경우
ㄷ 대상토지가 이미 등록된 토지와 멀리 떨어져 있어서 등록된 토지의 본번에 부번을 부여하는 것이 불합리한 경우

① ㄱ
② ㄱ, ㄴ
③ ㄱ, ㄷ
④ ㄴ, ㄷ
⑤ ㄱ, ㄴ, ㄷ

05 공간정보의 구축 및 관리 등에 관한 법령상 경계점좌표등록부가 있는 지역의 토지분할을 위하여 면적을 정할 때의 기준에 대한 내용이다. ( )에 들어갈 내용으로 옳은 것은? (단, 다른 조건은 고려하지 아니함)

> • 분할 후 각 필지의 면적합계가 분할 전 면적보다 많은 경우에는 구하려는 (㉠)부터 순차적으로 버려서 정하되, 분할 전 면적에 증감이 없도록 할 것
> • 분할 후 각 필지의 면적합계가 분할 전 면적보다 적은 경우에는 구하려는 (㉡)부터 순차적으로 올려서 정하되, 분할 전 면적에 증감이 없도록 할 것

① ㉠: 끝자리의 숫자가 작은 것, ㉡: 끝자리의 숫자가 큰 것
② ㉠: 끝자리의 다음 숫자가 작은 것, ㉡: 끝자리의 다음 숫자가 큰 것
③ ㉠: 끝자리의 숫자가 큰 것, ㉡: 끝자리의 숫자가 작은 것
④ ㉠: 끝자리의 다음 숫자가 큰 것, ㉡: 끝자리의 다음 숫자가 작은 것
⑤ ㉠: 끝자리의 숫자가 큰 것, ㉡: 끝자리의 다음 숫자가 작은 것

06 공간정보의 구축 및 관리 등에 관한 법령상 합병 신청을 할 수 없는 경우에 관한 내용으로 틀린 것은? (단, 다른 조건은 고려하지 아니함)
① 합병하려는 토지의 지목이 서로 다른 경우
② 합병하려는 토지의 소유자별 공유지분이 다른 경우
③ 합병하려는 토지의 지번부여지역이 서로 다른 경우
④ 합병하려는 토지의 소유자에 대한 소유권이전등기 연월일이 서로 다른 경우
⑤ 합병하려는 토지의 지적도 축척이 서로 다른 경우

07 공간정보의 구축 및 관리 등에 관한 법령상 지적소관청이 지적공부의 등록사항을 직권으로 조사·측량하여 정정할 수 있는 경우로 틀린 것은?
① 연속지적도가 잘못 작성된 경우
② 지적공부의 작성 또는 재작성 당시 잘못 정리된 경우
③ 토지이동정리 결의서의 내용과 다르게 정리된 경우
④ 지적도 및 임야도에 등록된 필지가 면적의 증감 없이 경계의 위치만 잘못된 경우
⑤ 지방지적위원회 또는 중앙지적위원회의 의결서 사본을 받은 지적소관청이 그 내용에 따라 지적공부의 등록사항을 정정하여야 하는 경우

08 공간정보의 구축 및 관리 등에 관한 법령상 지목을 '잡종지'로 정할 수 있는 기준에 대한 내용으로 **틀린** 것은? (단, 원상회복을 조건으로 돌을 캐내는 곳 또는 흙을 파내는 곳으로 허가된 토지는 제외함)

① 공항시설 및 항만시설 부지

② 변전소, 송신소, 수신소 및 송유시설 등의 부지

③ 도축장, 쓰레기처리장 및 오물처리장 등의 부지

④ 모래·바람 등을 막기 위하여 설치된 방사제·방파제 등의 부지

⑤ 갈대밭, 실외에 물건을 쌓아두는 곳, 돌을 캐내는 곳, 흙을 파내는 곳, 야외시장 및 공동 우물

09 공간정보의 구축 및 관리 등에 관한 법령상 지적도와 임야도의 축척 중에서 공통된 것으로 옳은 것은?

① 1/1200, 1/2400

② 1/1200, 1/3000

③ 1/2400, 1/3000

④ 1/2400, 1/6000

⑤ 1/3000, 1/6000

10 공간정보의 구축 및 관리 등에 관한 법령상 지적공부와 등록사항의 연결이 옳은 것은?

① 토지대장 – 지목, 면적, 경계

② 경계점좌표등록부 – 지번, 토지의 고유번호, 지적도면의 번호

③ 공유지연명부 – 지번, 지목, 소유권 지분

④ 대지권등록부 – 좌표, 건물의 명칭, 대지권 비율

⑤ 지적도 – 삼각점 및 지적기준점의 위치, 도곽선(圖廓線)과 그 수치, 부호 및 부호도

11 공간정보의 구축 및 관리 등에 관한 법령상 지적공부의 복구에 관한 관계 자료에 해당하는 것을 모두 고른 것은?

> ㉠ 측량 결과도
> ㉡ 법원의 확정판결서 정본 또는 사본
> ㉢ 토지(건물)등기사항증명서 등 등기사실을 증명하는 서류
> ㉣ 지적소관청이 작성하거나 발행한 지적공부의 등록내용을 증명하는 서류

① ㉠, ㉡　　　　　　　　　　　② ㉡, ㉢
③ ㉢, ㉣　　　　　　　　　　　④ ㉡, ㉢, ㉣
⑤ ㉠, ㉡, ㉢, ㉣

12 공간정보의 구축 및 관리 등에 관한 법령상 축척변경에 관한 설명으로 옳은 것은?

① 도시개발사업 등의 시행지역에 있는 토지로서 그 사업시행에서 제외된 토지의 축척변경을 하는 경우 축척변경위원회의 심의 및 시·도지사 또는 대도시 시장의 승인을 받아야 한다.

② 지적소관청은 시·도지사 또는 대도시 시장으로부터 축척변경 승인을 받았을 때에는 지체 없이 축척변경의 목적, 시행지역 및 시행기간, 축척변경의 시행에 관한 세부계획, 축척변경의 시행에 따른 청산금액의 내용, 축척변경의 시행에 따른 토지소유자 등의 협조에 관한 사항을 15일 이상 공고하여야 한다.

③ 지적소관청은 축척변경에 관한 측량을 한 결과 측량 전에 비하여 면적의 증감이 있는 경우에는 그 증감면적에 대하여 청산을 하여야 한다. 다만, 토지소유자 3분의 2 이상이 청산하지 아니하기로 합의하여 서면으로 제출한 경우에는 그러하지 아니하다.

④ 지적소관청은 청산금을 내야 하는 자가 납부고지를 받은 날부터 1개월 이내에 청산금에 관한 이의신청을 하지 아니하고, 고지를 받은 날부터 3개월 이내에 지적소관청에 청산금을 내지 아니하면 「지방행정제재·부과금의 징수 등에 관한 법률」에 따라 징수할 수 있다.

⑤ 청산금의 납부 및 지급이 완료되었을 때에는 지적소관청은 지체 없이 축척변경의 확정공고를 하여야 하며, 확정공고 사항에는 토지의 소재 및 지역명, 축척변경 지번별 조서, 청산금 조서, 지적도의 축척이 포함되어야 한다.

13 다음 중 등기원인에 약정이 있더라도 등기기록에 기록할 수 <u>없는</u> 사항은?

① 지상권의 존속기간
② 지역권의 지료
③ 전세권의 위약금
④ 임차권의 차임지급시기
⑤ 저당권부 채권의 이자지급장소

부록

14 등기권리자와 등기의무자가 공동으로 등기신청을 해야 하는 것은? (단, 판결 등 집행권원에 의한 등기신청은 제외함)

① 소유권보존등기의 말소등기를 신청하는 경우
② 법인의 합병으로 인한 포괄승계에 따른 등기를 신청하는 경우
③ 등기명의인표시의 경정등기를 신청하는 경우
④ 토지를 수용한 사업시행자가 수용으로 인한 소유권이전등기를 신청하는 경우
⑤ 변제로 인한 피담보채권의 소멸에 의해 근저당권설정등기의 말소등기를 신청하는 경우

15 등기소에 제공해야 하는 부동산등기의 신청정보와 첨부정보에 관한 설명으로 <u>틀린</u> 것은?

① 등기원인을 증명하는 정보가 등기절차의 인수를 명하는 집행력 있는 판결인 경우, 승소한 등기의무자는 등기신청시 등기필정보를 제공할 필요가 없다.
② 대리인에 의하여 등기를 신청하는 경우, 신청정보의 내용으로 대리인의 성명과 주소를 제공해야 한다.
③ 매매를 원인으로 소유권이전등기를 신청하는 경우, 등기의무자의 주소 또는 사무소 소재지를 증명하는 정보를 제공해야 한다.
④ 등기상 이해관계 있는 제3자의 승낙이 필요한 경우, 이를 증명하는 정보 또는 이에 대항할 수 있는 재판이 있음을 증명하는 정보를 첨부정보로 제공해야 한다.
⑤ 첨부정보가 외국어로 작성된 경우에는 그 번역문을 붙여야 한다.

16 등기신청의 각하사유로서 '사건이 등기할 것이 아닌 경우'를 모두 고른 것은?

> ㉠ 구분건물의 전유부분과 대지사용권의 분리처분 금지에 위반한 등기를 신청한 경우
> ㉡ 농지를 전세권설정의 목적으로 하는 등기를 신청한 경우
> ㉢ 공동상속인 중 일부가 자신의 상속지분만에 대한 상속등기를 신청한 경우
> ㉣ 소유권 외의 권리가 등기되어 있는 일반건물에 대해 멸실등기를 신청한 경우

① ㉠, ㉡
② ㉡, ㉣
③ ㉢, ㉣
④ ㉠, ㉡, ㉢
⑤ ㉠, ㉡, ㉢, ㉣

17 진정명의회복을 위한 소유권이전등기에 관한 설명으로 옳은 것을 모두 고른 것은?

> ㉠ 진정명의회복을 원인으로 하는 소유권이전등기를 신청하는 경우, 그 신청정보에 등기원인 일자는 기재하지 않는다.
> ㉡ 토지거래허가의 대상이 되는 토지에 관하여 진정명의회복을 원인으로 하는 소유권이전등기를 신청하는 경우에는 토지거래허가증을 첨부해야 한다.
> ㉢ 진정명의회복을 위한 소유권이전등기청구소송에서 승소확정판결을 받은 자는 그 판결을 등기원인으로 하여 현재 등기명의인의 소유권이전등기에 대하여 말소등기를 신청할 수는 없다.

① ㉠
② ㉡
③ ㉠, ㉢
④ ㉡, ㉢
⑤ ㉠, ㉡, ㉢

18 부동산등기에 관한 설명으로 옳은 것은?

① 유증으로 인한 소유권이전등기는 상속등기를 거치지 않으면 유증자로부터 직접 수증자 명의로 신청할 수 없다.

② 유증으로 인한 소유권이전등기 신청이 상속인의 유류분을 침해하는 내용인 경우에는 등기관은 이를 수리할 수 없다.

③ 상속재산분할심판에 따른 상속인의 소유권이전등기는 법정상속분에 따른 상속등기를 거치지 않으면 할 수 없다.

④ 상속등기 경료 전의 상속재산분할협의에 따라 상속등기를 신청하는 경우, 등기원인일자는 '협의분할일'로 한다.

⑤ 권리의 변경등기는 그 등기로 등기상 이해관계 있는 제3자의 권리가 침해되는 경우, 그 제3자의 승낙 또는 이에 대항할 수 있는 재판이 있음을 증명하는 정보의 제공이 없으면 부기등기로 할 수 없다.

19 환매특약 등기에 관한 설명으로 틀린 것은?

① 매매로 인한 소유권이전등기의 신청과 환매특약등기의 신청은 동시에 하여야 한다.

② 환매등기의 경우 매도인이 아닌 제3자를 환매권리자로 하는 환매등기를 할 수 있다.

③ 환매특약등기에 처분금지적 효력은 인정되지 않는다.

④ 매매목적물의 소유권의 일부 지분에 대한 환매권을 보류하는 약정을 맺은 경우, 환매특약등기 신청은 할 수 없다.

⑤ 환매기간은 등기원인에 그 사항이 정하여져 있는 경우에만 기록한다.

20 임차권등기에 관한 설명으로 옳은 것을 모두 고른 것은?

> ㉠ 임차권설정등기가 마쳐진 후 임대차 기간 중 임대인의 동의를 얻어 임차물을 전대하는 경우, 그 전대등기는 부기등기의 방법으로 한다.
> ㉡ 임차권등기명령에 의한 주택임차권등기가 마쳐진 경우, 그 등기에 기초한 임차권이전등기를 할 수 있다.
> ㉢ 미등기 주택에 대하여 임차권등기명령에 의한 등기촉탁이 있는 경우, 등기관은 직권으로 소유권보존등기를 한 후 주택임차권등기를 해야 한다.

① ㉠

② ㉡

③ ㉠, ㉢

④ ㉡, ㉢

⑤ ㉠, ㉡, ㉢

21 부동산 공동저당의 등기에 관한 설명으로 옳은 것을 모두 고른 것은?

> ㉠ 공동저당의 설정등기를 신청하는 경우, 각 부동산에 관한 권리의 표시를 신청정보의 내용으로 등기소에 제공해야 한다.
> ㉡ 등기관이 공동저당의 설정등기를 하는 경우, 각 부동산의 등기기록 중 해당 등기의 끝부분에 공동담보라는 뜻의 기록을 해야 한다.
> ㉢ 등기관이 공동저당의 설정등기를 하는 경우, 공동저당의 목적이 된 부동산이 3개일 때에는 등기관은 공동담보목록을 전자적으로 작성해야 한다.

① ㉠　　　　　　　　　　　② ㉢
③ ㉠, ㉡　　　　　　　　　④ ㉡, ㉢
⑤ ㉠, ㉡, ㉢

22 X토지에 관하여 A등기청구권보전을 위한 가등기 이후, B-C의 순서로 각 등기가 적법하게 마쳐졌다. B등기가 직권말소의 대상인 것은? (A, B, C등기는 X를 목적으로 함)

	A	B	C
①	전세권설정	가압류등기	전세권설정본등기
②	임차권설정	저당권설정등기	임차권설정본등기
③	저당권설정	소유권이전등기	저당권설정본등기
④	소유권이전	저당권설정등기	소유권이전본등기
⑤	지상권설정	가압류등기	지상권설정본등기

23 등기의 촉탁에 관한 설명으로 틀린 것은?

① 관공서가 상속재산에 대해 체납처분으로 인한 압류등기를 촉탁하는 경우, 상속인을 갈음하여 상속으로 인한 권리이전의 등기를 함께 촉탁할 수 없다.
② 법원의 촉탁으로 실행되어야 할 등기가 신청된 경우, 등기관은 그 등기신청을 각하해야 한다.
③ 법원은 수탁자 해임의 재판을 한 경우, 지체 없이 신탁 원부 기록의 변경등기를 등기소에 촉탁하여야 한다.
④ 관공서가 등기를 촉탁하는 경우 우편으로 그 촉탁서를 제출할 수 있다.
⑤ 촉탁에 따른 등기절차는 법률에 다른 규정이 없는 경우에는 신청에 따른 등기에 관한 규정을 준용한다.

24 가등기에 관한 설명으로 옳은 것은? (다툼이 있으면 판례에 따름)

① 소유권이전등기청구권 보전을 위한 가등기에 기한 본등기가 경료된 경우, 본등기에 의한 물권변동의 효력은 가등기한 때로 소급하여 발생한다.

② 소유권이전등기청구권 보전을 위한 가등기가 마쳐진 부동산에 처분금지가처분등기가 된 후 본등기가 이루어진 경우, 그 본등기로 가처분채권자에게 대항할 수 있다.

③ 정지조건부의 지상권설정청구권을 보전하기 위해서는 가등기를 할 수 없다.

④ 가등기된 소유권이전등기청구권이 양도된 경우, 그 가등기상의 권리의 이전등기를 가등기에 대한 부기등기의 형식으로 경료할 수 없다.

⑤ 소유권이전등기청구권 보전을 위한 가등기가 있으면 소유권이전등기를 청구할 어떤 법률관계가 있다고 추정된다.

Answer

01 ③	02 ③	03 ①	04 ⑤	05 ②	06 ④	07 ①	08 ④	09 ⑤	10 ②
11 ⑤	12 ⑤	13 ②	14 ⑤	15 ①	16 ④	17 ③	18 ⑤	19 ②	20 ③
21 ③	22 ④	23 ①	24 ②						

방송
시간표

방송대학TV

▶ 기본이론 방송
▶ 문제풀이 방송
▶ 모의고사 방송

※ 본 방송기간 및 방송시간은 사정에
의해 변동될 수 있습니다.

TV방송 편성표

기본이론 방송[1강 30분, 총 75강]

순서	날짜	요일	과목	순서	날짜	요일	과목
1	1. 13	월	부동산학개론 1강	39	4. 9	수	부동산공시법령 7강
2	1. 14	화	민법·민사특별법 1강	40	4. 14	월	부동산세법 5강
3	1. 15	수	공인중개사법·중개실무 1강	41	4. 15	화	부동산학개론 8강
4	1. 20	월	부동산공법 1강	42	4. 16	수	민법·민사특별법 8강
5	1. 21	화	부동산공시법령 1강	43	4. 21	월	공인중개사법·중개실무 8강
6	1. 22	수	부동산학개론 2강	44	4. 22	화	부동산공법 8강
7	1. 27	월	민법·민사특별법 2강	45	4. 23	수	부동산공시법령 8강
8	1. 28	화	공인중개사법·중개실무 2강	46	4. 28	월	부동산세법 6강
9	1. 29	수	부동산공법 2강	47	4. 29	화	부동산학개론 9강
10	2. 3	월	부동산공시법령 2강	48	4. 30	수	민법·민사특별법 9강
11	2. 4	화	부동산학개론 3강	49	5. 5	월	공인중개사법·중개실무 9강
12	2. 5	수	민법·민사특별법 3강	50	5. 6	화	부동산공법 9강
13	2. 10	월	공인중개사법·중개실무 3강	51	5. 7	수	부동산공시법령 9강
14	2. 11	화	부동산공법 3강	52	5. 12	월	부동산세법 7강
15	2. 12	수	부동산공시법령 3강	53	5. 13	화	부동산학개론 10강
16	2. 17	월	부동산세법 1강	54	5. 14	수	민법·민사특별법 10강
17	2. 18	화	부동산학개론 4강	55	5. 19	월	공인중개사법·중개실무 10강
18	2. 19	수	민법·민사특별법 4강	56	5. 20	화	부동산공법 10강
19	2. 24	월	공인중개사법·중개실무 4강	57	5. 21	수	부동산공시법령 10강
20	2. 25	화	부동산공법 4강	58	5. 26	월	부동산세법 8강
21	2. 26	수	부동산공시법령 4강	59	5. 27	화	부동산학개론 11강
22	3. 3	월	부동산세법 2강	60	5. 28	수	민법·민사특별법 11강
23	3. 4	화	부동산학개론 5강	61	6. 2	월	부동산공법 11강
24	3. 5	수	민법·민사특별법 5강	62	6. 3	화	부동산세법 9강
25	3. 10	월	공인중개사법·중개실무 5강	63	6. 4	수	부동산학개론 12강
26	3. 11	화	부동산공법 5강	64	6. 9	월	민법·민사특별법 12강
27	3. 12	수	부동산공시법령 5강	65	6. 10	화	부동산공법 12강
28	3. 17	월	부동산세법 3강	66	6. 11	수	부동산세법 10강
29	3. 18	화	부동산학개론 6강	67	6. 16	월	부동산학개론 13강
30	3. 19	수	민법·민사특별법 6강	68	6. 17	화	민법·민사특별법 13강
31	3. 24	월	공인중개사법·중개실무 6강	69	6. 18	수	부동산공법 13강
32	3. 25	화	부동산공법 6강	70	6. 23	월	부동산학개론 14강
33	3. 26	수	부동산공시법령 6강	71	6. 24	화	민법·민사특별법 14강
34	3. 31	월	부동산세법 4강	72	6. 25	수	부동산공법 14강
35	4. 1	화	부동산학개론 7강	73	6. 30	월	부동산학개론 15강
36	4. 2	수	민법·민사특별법 7강	74	7. 1	화	민법·민사특별법 15강
37	4. 7	월	공인중개사법·중개실무 7강	75	7. 2	수	부동산공법 15강
38	4. 8	화	부동산공법 7강				

과목별 강의 수	부동산학개론: 15강 / 민법·민사특별법: 15강 공인중개사법·중개실무: 10강 / 부동산공법: 15강 / 부동산공시법령: 10강 / 부동산세법: 10강

방송대학TV 방송기간 문제풀이: 2025. 7. 7 ~ 8. 20 모의고사: 2025. 8. 25 ~ 10. 1
방송시간 ┌ 본방송: 월~수 오전 7시 ~ 7시 30분
        └ 재방송: 토 오전 6시 ~ 7시 30분(3회 연속방송)

TV방송 편성표

문제풀이 방송(1강 30분, 총 21강)

순서	날짜	요일	과목	순서	날짜	요일	과목
1	7. 7	월	부동산학개론 1강	12	7. 30	수	부동산세법 2강
2	7. 8	화	민법·민사특별법 1강	13	8. 4	월	부동산학개론 3강
3	7. 9	수	공인중개사법·중개실무 1강	14	8. 5	화	민법·민사특별법 3강
4	7. 14	월	부동산공법 1강	15	8. 6	수	공인중개사법·중개실무 3강
5	7. 15	화	부동산공시법령 1강	16	8. 11	월	부동산공법 3강
6	7. 16	수	부동산세법 1강	17	8. 12	화	부동산공시법령 3강
7	7. 21	월	부동산학개론 2강	18	8. 13	수	부동산세법 3강
8	7. 22	화	민법·민사특별법 2강	19	8. 18	월	부동산학개론 4강
9	7. 23	수	공인중개사법·중개실무 2강	20	8. 19	화	민법·민사특별법 4강
10	7. 28	월	부동산공법 2강	21	8. 20	수	부동산공법 4강
11	7. 29	화	부동산공시법령 2강				

과목별 강의 수	부동산학개론: 4강 / 민법·민사특별법: 4강 공인중개사법·중개실무: 3강 / 부동산공법: 4강 / 부동산공시법령: 3강 / 부동산세법: 3강

모의고사 방송(1강 30분, 총 18강)

순서	날짜	요일	과목	순서	날짜	요일	과목
1	8. 25	월	부동산학개론 1강	10	9. 15	월	부동산공법 2강
2	8. 26	화	민법·민사특별법 1강	11	9. 16	화	부동산공시법령 2강
3	8. 27	수	공인중개사법·중개실무 1강	12	9. 17	수	부동산세법 2강
4	9. 1	월	부동산공법 1강	13	9. 22	월	부동산학개론 3강
5	9. 2	화	부동산공시법령 1강	14	9. 23	화	민법·민사특별법 3강
6	9. 3	수	부동산세법 1강	15	9. 24	수	공인중개사법·중개실무 3강
7	9. 8	월	부동산학개론 2강	16	9. 29	월	부동산공법 3강
8	9. 9	화	민법·민사특별법 2강	17	9. 30	화	부동산공시법령 3강
9	9. 10	수	공인중개사법·중개실무 2강	18	10. 1	수	부동산세법 3강

과목별 강의 수	부동산학개론: 3강 / 민법·민사특별법: 3강 공인중개사법·중개실무: 3강 / 부동산공법: 3강 / 부동산공시법령: 3강 / 부동산세법: 3강

연구 집필위원

박윤모	강철의	양진영	이승현	김병렬
이강술	구갑성	이영진	최종윤	

제36회 공인중개사 시험대비 **전면개정판**

2025 박문각 공인중개사
합격예상문제 2차 부동산공시법령

초판인쇄 | 2025. 4. 5. **초판발행** | 2025. 4. 10. **편저** | 박문각 부동산교육연구소
발행인 | 박 용 **발행처** | (주)박문각출판 **등록** | 2015년 4월 29일 제2019-000137호
주소 | 06654 서울시 서초구 효령로 283 서경 B/D 4층 **팩스** | (02)584-2927
전화 | 교재 주문 (02)6466-7202, 동영상문의 (02)6466-7201

판 권
본 사
소 유

정가 27,000원
ISBN 979-11-7262-699-0 | ISBN 979-11-7262-696-9(2차 세트)

박문각 출판 홈페이지에서
공인중개사 정오표를 활용하세요!

보다 빠르고, 편리하게 법령의 제·개정 내용을 확인하실 수 있습니다.

[클릭]

박문각 공인중개사
정오표의 **장점**

☑ 공인중개사 1회부터 함께한 박문각 공인중개사 전문 교수진의 철저한 제·개정 법령 감수

☑ 과목별 정오표 업데이트 서비스 실시! (해당 연도 시험 전까지)

☑ 박문각 공인중개사 온라인 "교수학습 Q&A"에서 박문각 공인중개사 교수진에게 직접 문의·답변

박문각 공인중개사
2025 합격 로드맵

합격을 향한 가장 확실한 선택

박문각 공인중개사 수험서 시리즈는 공인중개사 합격을 위한 가장 확실한 선택입니다.

---

01 **기초입문**

합격을 향해
기초부터 차근차근!

—

기초입문서 총 2권

합격 자신감 UP! **합격지원 플러스 교재**

합격설명서 │ 민법 판례 │ 핵심용어집 │ 기출문제해설

---

02 **기본이론**

기본 개념을
체계적으로 탄탄하게!

—

기본서 총 6권

---

03 **필수이론**

합격을 향해
저자직강 필수 이론 과정!

—

저자필수서

전면개정판 제36회 공인중개사 시험대비

방송대학TV 무료강의 | 첫방송 2025.7.7(월) 오전 7시

박문각 공인중개사

합격예상문제 2차
부동산공시법령

정답해설집

박문각 부동산교육연구소 편

브랜드만족
1위
박문각

근거자료
후면표기

2025

동영상강의
www.pmg.co.kr

합격까지 박문각
합격 노하우가 다르다!

박문각

박문각 공인중개사

성공을 위한 가장 확실한 선택

박문각은 1972년부터의 노하우와 교육에 대한 끊임없는 열정으로 공인중개사 합격의 기준을 제시하며
경매 및 중개실무 연계교육과 합격자 네트워크를 통해 공인중개사 합격자들의 성공을 보장합니다.

01

공인중개사의 시작 박문각

공인중개사 시험이 도입된 제1회부터
제35회 시험까지 수험생들의 합격을
이끌어 온 대한민국 유일의 교육기업입니다.

02

오랜시간 축적된 데이터

1회부터 지금까지 축적된 방대한 데이터로
박문각 공인중개사는 빠른 합격 & 최다
합격률을 자랑합니다.

03

업계 최고&최다 교수진 보유

공인중개사 업계 최다 교수진이
최고의 강의로 수험생 여러분의
합격을 위해 끊임없이 연구하고 있습니다.

04

전국 학원 수 규모 1위

전국 20여 개 학원을 보유하고 있는
박문각 공인중개사는 업계 최대 규모로서
전국 학원 수 규모 1위 입니다.

박문각 공인중개사

전면개정판 제36회 공인중개사 시험대비

방송대학TV 무료강의 | 첫방송 2025.7.7(월) 오전 7시

박문각 공인중개사

합격예상문제 2차

부동산공시법령

정답해설집

박문각 부동산교육연구소 편

브랜드만족
1위
박문각

근거자료
후면표기

2025

동영상강의
www.pmg.co.kr

합격까지 박문각
합격 노하우가 다르다!

박문각 공인중개사

CONTENTS

이 책의 **차례**

PART 01

공간정보의
구축 및
관리 등에
관한 법률

제1장 토지의 조사 및 등록 · · · · 4

제2장 지적공부 · · · · 9

제3장 토지의 이동 · · · · 12

제4장 지적측량 · · · · 16

PART 02

부동산등기법

제1장 등기절차 총론 · · · · 19

제2장 소유권에 관한 등기 · · · · 22

제3장 소유권 외의 권리에 관한 등기 · · · · 24

제4장 각종의 등기절차 · · · · 26

공간정보의 구축 및 관리 등에 관한 법률

제1장 토지의 조사 및 등록

Answer

01 ④	02 ①	03 ②	04 ②	05 ⑤	06 ④	07 ③	08 ③	09 ④	10 ④
11 ④	12 ⑤	13 ⑤	14 ②	15 ③	16 ⑤	17 ①	18 ③	19 ④	20 ③
21 ④	22 ①	23 ②	24 ②	25 ④	26 ⑤	27 ①	28 ①	29 ②	30 ④
31 ②	32 ②	33 ④	34 ③	35 ⑤	36 ④	37 ②	38 ⑤		

01 ④ 지적소관청은 토지의 이동현황을 직권으로 조사·측량하여 토지의 지번·지목·면적·경계 또는 좌표를 결정하려는 때에는 토지이동현황 조사계획을 수립하여야 한다. 시·도지사 또는 대도시 시장의 승인을 받을 필요는 없다.

02 ② 지적소관청은 토지의 이동현황을 직권으로 조사·측량하여 토지의 지번·지목·면적·경계 또는 좌표를 결정하려는 때에는 **토지이동현황 조사계획**을 수립하여야 한다(규칙 제59조 제1항).
③ 지적소관청은 지번을 변경하려면 지번변경 사유를 적은 승인신청서에 지번변경 대상지역의 지번·지목·면적·소유자에 대한 상세한 내용을 기재하여 **시·도지사 또는 대도시 시장**에게 제출하여야 한다(영 제57조 제1항).
④ 토지가 일시적 또는 임시적인 용도로 사용되는 경우에는 토지소유자의 신청이 있더라도 지목을 변경할 수 없다(영 제59조 제2항).
⑤ 지적도의 축척이 600분의 1인 지역과 경계점좌표등록부에 등록하는 지역의 토지 면적은 제곱미터 이하 한 자리 단위로 하되, 0.1제곱미터 미만의 끝수가 있는 경우 0.05제곱미터 미만일 때에는 버리고 0.05제곱미터를 초과할 때에는 올리며, 0.05제곱미터일 때에는 구하려는 끝자리의 숫자가 0 또는 짝수이면 버리고 홀수이면 올린다. 다만, 1필지의 면적이 0.1제곱미터 미만일 때에는 0.1제곱미터로 한다(영 제60조 제1항 제2호).

03 ② 지적공부에 등록하는 지번·지목·면적·경계 또는 좌표는 토지의 이동이 있을 때 토지소유자(법인이 아닌 사단이나 재단의 경우에는 그 대표자나 관리인을 말한다. 이하 같다)의 신청을 받아 지적소관청이 결정한다.

04 ② 토지이동현황 조사계획은 시·군·구별로 수립하되, 부득이한 사유가 있는 때에는 읍·면·동별로 수립할 수 있다.

05 ① 지번은 본번과 부번으로 구성하며, **북서에서 남동으로** 순차적으로 부여한다.

② 분할의 경우에는 분할 후 필지 중 1필지의 지번은 분할 전의 지번으로 하고 나머지 필지의 지번은 본번의 최종 부번 다음 순번으로 부번을 부여한다.

③ 지적소관청이 지번을 변경하기 위해서는 **시·도지사 또는 대도시 시장의 승인**을 받아야 한다.

④ 임야대장 및 임야도에 등록하는 토지의 지번은 **숫자 앞**에 '산'자를 붙인다.

06 ④ 신규등록 또는 등록전환 대상토지가 여러 필지로 되어 있는 경우에는 그 지번부여지역의 최종 본번의 다음 순번부터 본번으로 하여 순차적으로 지번을 부여할 수 있다.

07 ③ 축척변경 시행지역, 지번변경지역, 행정구역 개편지역에서는 지적확정측량을 실시한 지역의 각 필지에 지번을 새로 부여하는 방법을 준용하여 지번을 부여하여야 한다.

08 신규등록지역에서 다음의 경우에는 그 지번부여지역의 최종 본번의 다음 순번부터 본번으로 하여 순차적으로 지번을 부여할 수 있다.

> ㉠ 대상 토지가 그 지번부여지역의 최종 지번의 토지에 인접하여 있는 경우
> ㉡ 대상 토지가 이미 등록된 토지와 멀리 떨어져 있어 등록된 특정 토지의 본번에 부번을 부여하는 것이 불합리한 경우
> ㉢ 대상 토지가 여러 필지로 되어 있는 경우

09 ④ 지적소관청은 도시개발사업 등이 준공되기 전에 사업시행자가 지번부여 신청을 하면 지번을 부여할 수 있으며, 도시개발사업 등이 준공되기 전에 지번을 부여하는 때에는 사업계획도에 따르되, 지적확정측량을 실시한 지역의 지번부여 방법에 따라 지번을 부여하여야 한다.

10
> ㉠ 공원 − 공   ㉡ 목장용지 − 목   ㉢ 하천 − 천
> ㉣ 주차장 − 차   ㉤ 창고용지 − 창

11 ㉠ 문화유적지, ㉥ 자연용지는 법 제67조에서 규정하고 있는 지목의 종류에 해당하지 아니한다.

12 ① 물을 상시적으로 이용하지 않고 닥나무·묘목·관상수 등의 식물을 주로 재배하는 토지는 "전"으로 한다.

② 온수·약수·석유류 등을 일정한 장소로 운송하는 송수관·송유관 및 저장시설의 부지는 '광천지'로 할 수 없다.

③ 아파트·공장 등 단일 용도의 일정한 단지 안에 설치된 통로 등은 '도로'로 할 수 없다.

④ 「도시공원 및 녹지 등에 관한 법률」에 따른 묘지공원으로 결정·고시된 토지는 '묘지'로 한다.

13 ① 교통 운수를 위하여 일정한 궤도 등의 설비와 형태를 갖추어 이용되는 토지 및 이에 접속된 역사
(驛舍)부지는 모두 '철도용지'로 한다.
② 조수·자연유수·모래·바람 등을 막기 위하여 설치된 방조제·방수제·방사제·방파제 등의
부지는 '제방'으로 한다.
③ 자연의 유수가 있거나 있을 것으로 예상되는 부지는 '하천'으로 하지만, 자연의 유수가 있거나
있을 것으로 예상되는 소규모 수로부지는 '구거'로 한다.
④ 용수 또는 배수를 위하여 일정한 형태를 갖춘 인공적인 수로·둑 및 그 부속시설물의 부지는 '구
거'로 한다.

14 ① 물을 상시적으로 직접 이용하여 벼·연(蓮)·미나리·왕골 등의 식물을 주로 재배하는 토지는
'답'으로 하고, 연·왕골 등이 자생하는 배수가 잘 되지 아니하는 토지는 '유지'로 한다.
③ 사과·배·밤·호두·귤나무 등 과수류를 집단적으로 재배하는 토지와 이에 접속된 저장고 등
부속시설물의 부지는 '과수원'이고, 주거용 건축물의 부지는 '대'로 한다.
④ 축산업 및 낙농업을 하기 위하여 초지를 조성한 토지와 「축산법」 제2조 제1호에 따른 가축을 사
육하는 축사 등의 부지는 '목장용지'이고, 주거용 건축물의 부지는 '대'로 한다.
⑤ 산림 및 원야(原野)를 이루고 있는 암석지·자갈땅·모래땅·습지·황무지 등의 토지는 '임야'로 한다.

15 ① 물을 상시적으로 직접 이용하여 벼, 연, 미나리, 왕골 등의 식물을 주로 재배하는 토지의 지목은
'답'으로 한다.
② 용수 또는 배수를 위하여 일정한 형태를 갖춘 인공적인 수로, 둑 및 그 부속시설물의 부지의 지
목은 '구거'로 한다.
④ 축산업 및 낙농업을 하기 위하여 초지를 조성한 토지의 지목은 '목장용지'로 하여야 하지만 그
토지에 설치된 주거용 건축물의 부지의 지목은 '대'로 한다.
⑤ 물건 등을 보관하거나 저장하기 위하여 독립적으로 설치된 보관시설물의 부지와 이에 접속된
부속시설물의 부지의 지목은 '창고용지'로 한다.

16 ⑤ 사람의 시체나 유골이 매장된 토지, 「장사 등에 관한 법률」 제2조 제9호에 따른 봉안시설과 이에
접속된 부속시설물의 부지는 **'묘지'**로 지목을 설정하여야 하지만, 묘지의 관리를 위한 건축물의 부
지의 지목은 '대'로 지목을 설정하여야 한다.

17 ② 「산업집적활성화 및 공장설립에 관한 법률」 등 관계법령에 따른 공장부지 조성공사가 준공된
토지의 지목은 **'공장용지'**로 한다.
③ **'유지'**는 물이 고이거나 상시적으로 물을 저장하고 있는 댐, 저수지, 소류지, 호수, 연못 등의 토지
와 연, 왕골 등이 자생하는 배수가 잘 되지 아니하는 토지이다.
④ 물을 상시적으로 이용하지 않고 곡물, 원예작물(과수류는 제외한다) 등의 식물을 주로 재배하는
토지의 지목은 '전'으로 하여야 하지만 죽림지의 지목은 **'임야'**로 하여야 한다.
⑤ 학교용지, 공원 등 다른 지목으로 된 토지에 있는 유적, 고적, 기념물 등을 보호하기 위하여 구획
된 토지의 지목은 '사적지'로 할 수 없다.

18 ③ 교통 운수를 위하여 일정한 궤도 등의 설비와 형태를 갖추어 이용되는 토지의 지목은 '철도용지'로 하여야 한다.

19 ④ 방사제·방파제 등의 부지는 '제방'으로 하여야 한다.

20 ③ 물이 고이거나 상시적으로 물을 저장하고 있는 댐·저수지·소류지(沼溜地)·호수·연못 등의 토지는 "유지"로 하고, 물을 상시적으로 직접 이용하여 연(蓮)·왕골 등의 식물을 주로 재배하는 토지는 "답"으로 하여야 한다.

21 ④ 1필지가 둘 이상의 용도로 활용되는 경우에는 주된 용도에 따라 지목을 설정하여야 한다.

22 ② 위락, 휴양 등에 적합한 시설물을 종합적으로 갖춘 야영장은 "유원지"로 하여야 한다.
③ 일반 공중의 보건·휴양 및 정서생활에 이용하기 위한 시설을 갖춘 토지로서 「국토의 계획 및 이용에 관한 법률」에 따라 공원 또는 녹지로 결정·고시된 토지는 "공원"으로 하여야 한다.
④ 지하에서 온수·약수·석유류 등이 용출되는 용출구(湧出口)와 그 유지(維持)에 사용되는 부지는 광천지로 하여야 하지만, 온수·약수·석유류 등을 일정한 장소로 운송하는 송수관·송유관 및 저장시설의 부지는 광천지로 할 수 없다.
⑤ 일반 공중의 종교의식을 위하여 예배·법요·설교·제사 등을 하기 위한 교회·사찰·향교 등 건축물의 부지와 이에 접속된 부속시설물의 부지는 "종교용지"로 하여야 한다.

23 ② 「국토의 계획 및 이용에 관한 법률」 규정에 따른 도시·군관리계획 결정고시와 지형도면 고시가 된 지역의 **도시·군관리계획선**에 따라 토지를 분할하는 경우에는 지상건축물을 걸리게 하여 경계를 결정할 수 있다.

24 ㉡ 연접되어 있는 토지 간에 높낮이 차이가 있는 경우에는 그 구조물의 **하단부**를 경계로 한다.
㉢ 도로·구거 등의 토지에 절토된 부분이 있는 경우에는 그 경사면의 **상단부**를 경계로 한다.
㉣ 연접되어 있는 토지 간에 높낮이 차이가 없는 경우에는 그 구조물의 **중앙**을 경계로 한다.

25 ④ 지적소관청은 토지의 이동에 따라 지상 경계를 새로 정한 경우에는 지상경계점등록부를 작성·관리하여야 한다.

26 ⑤ 지적소관청은 토지의 이동에 따라 지상 경계를 새로 정한 경우에는 경계점 위치 설명도 등을 등록한 **지상경계점등록부**를 작성·관리하여야 한다(법 제65조).

27 ① **지적소관청은 토지의 이동에 따라** 지상 경계를 새로 정한 경우에는 지상경계점등록부를 작성·관리하여야 한다. 경계점을 지상에 복원하는 경우에는 지상경계점등록부를 작성하지 아니한다.

28 ① 지적기준점표지의 종류는 지상경계점등록부의 등록사항에 해당하지 않는다.

> **법 제65조 제2항**
> 지적소관청은 토지의 이동에 따라 지상경계를 새로 정한 경우에는 다음 각 호의 사항을 등록한 지상경계점등록부를 작성·관리하여야 한다.
> 1. 토지의 소재
> 2. 지번
> 3. 경계점 좌표(경계점좌표등록부 시행지역에 한정한다)
> 4. 경계점 위치 설명도
> 5. 그 밖에 국토교통부령으로 정하는 사항

29 ㉠ 지상경계점등록부에는 토지의 소유자와 고유번호를 등록하지 않는다.

30 ④ 지적도면의 번호는 지적도면의 등록사항이다. 지상경계점등록부에는 등록하지 않는다.

31 ② 경위의측량방법에 의하여 지적확정측량을 시행하는 지역에서 1필지 면적의 끝수가 0.05제곱미터일 때에는 구하려는 끝자리의 숫자가 0 또는 짝수이면 올리고, 홀수이면 버린다.

32 ② 경위의측량방법에 의하여 지적확정측량을 시행하는 지역에서 1필지 면적의 끝수가 0.05제곱미터일 때에는 구하려는 끝자리의 숫자가 0 또는 짝수이면 올리고, 홀수이면 버린다.

33 ④ 지적도의 축척이 500분의 1인 지역과 경계점좌표등록부에 등록하는 지역의 토지 면적은 제1호에도 불구하고 제곱미터 이하 한 자리 단위로 하되, 0.1제곱미터 미만의 끝수가 있는 경우 0.05제곱미터 미만일 때에는 버리고 0.05제곱미터를 초과할 때에는 올리며, 0.05제곱미터일 때에는 구하려는 끝자리의 숫자가 0 또는 짝수이면 버리고 홀수이면 올린다(시행령 제60조 제1항 제2호). 따라서 1필지의 면적을 측정한 값이 1023.35m²인 경우에는 1023.4m²를 등록면적으로 결정하여야 한다.

34 ③ 토지를 합병하거나 지목변경을 하는 경우에는 면적측정의 대상이 아니다.

35 ⑤ **경위의측량방법**으로 세부측량을 한 지역의 필지별 면적측정은 좌표면적계산법에 의한다.

36 ④ 합병에 따른 경계·좌표 또는 면적은 따로 지적측량을 하지 아니하고 결정한다.

37 지적도와 임야도의 축척은 다음의 구분에 따른다.

지적도	1/500, 1/600, 1/1000, 1/1200, 1/2400, 1/3000, 1/6000
임야도	1/3000, 1/6000

38 지적도면의 축척은 다음의 구분에 따른다.

지적도	1/500, 1/600, 1/1000, 1/1200, 1/2400, 1/3000, 1/6000
임야도	1/3000, 1/6000

따라서 지적도와 임야도의 공통된 축척은 1/3000과 1/6000이다.

제2장 **지적공부**

Answer

01 ④	02 ②	03 ①	04 ⑤	05 ③	06 ②	07 ②	08 ⑤	09 ②	10 ③
11 ④	12 ②	13 ⑤	14 ②	15 ⑤	16 ④	17 ①	18 ⑤	19 ⑤	20 ④
21 ⑤	22 ③	23 ④	24 ⑤	25 ③					

01 ④ 도면번호는 경계점좌표등록부의 등록사항이지만, 지적기준점의 위치는 지적도면의 등록사항에 해당한다.

02 ② 전유부분의 건물표시는 대지권등록부의 등록사항이다.

03 ① 토지의 소재, 지번, 지목, 면적을 모두 등록하는 지적공부는 토지(임야)대장이다.

04 ⑤ 면적은 토지(임야)대장의 등록사항이다. 공유지연명부에는 면적을 등록하지 않는다.

05 ③ 대지권등록부에는 지번을 등록하지만, 지목은 등록사항에 해당하지 않는다.
지목은 토지(임야)대장과 지적도(임야도)의 등록사항이다.

06 ① 면적은 토지(임야)대장의 등록사항이다.
③ 경계, 그리고 삼각점 및 지적기준점의 위치는 지적도면의 등록사항이다.
④ 건축물 및 구조물 등의 위치는 지적도면의 등록사항이다.
⑤ 토지의 이동사유는 토지(임야)대장의 등록사항이다.

07 ㉠ 지적도면의 번호는 대지권등록부의 등록사항에 해당하지 않는다.
㉡ 소유자의 성명 또는 명칭은 경계점좌표등록부의 등록사항에 해당하지 않는다.

08 ㉠, ㉡, ㉢, ㉣, ㉤ 모두 지적도 및 임야도의 등록사항에 해당한다.

09 ① 위 지적도에 등록된 토지의 면적측정은 좌표면적계산법에 의한다.
③ 지적기준점의 위치는 도면의 등록사항에 해당한다.
④ 위 지적도에 등록된 토지는 경위의측량에 의한다.
⑤ 위 지적도에 등록된 토지의 경계선상에 등록된 '22.41'은 좌표에 의하여 계산된 경계점간의 거리를 나타낸다.

10 ③ 경계점좌표등록부를 갖춰 두는 지역의 지적도에는 도면의 제명 끝에 '**좌표**'라고 표시하여야 한다 (규칙 제69조 제3항).

11 ④ 경계점좌표등록부를 갖춰 두는 지역의 지적도에는 해당 도면의 제명 끝에 "(좌표)"라고 표시하고, 도곽선의 오른쪽 아래 끝에 "이 도면에 의하여 측량을 할 수 없음"이라고 적어야 한다(규칙 제69조 제3항).

12 ② 지적기준점의 성과 등을 열람하거나 등본을 발급받으려는 자는 지적삼각점성과에 대해서는 시·도지사 또는 지적소관청에 신청하고, 지적삼각보조점성과 및 지적도근점성과에 대해서는 지적소관청에 신청하여야 한다.

13 ① 지적측량을 의뢰하려는 자는 지적측량 의뢰서에 의뢰 사유를 증명하는 서류를 첨부하여 지적소관청이 아닌 지적측량수행자에 제출하여야 한다.
② 지적측량수행자가 지적측량 의뢰를 받은 때에는 측량기간, 측량일자 및 측량 수수료 등을 적은 지적측량 수행계획서를 그 다음 날까지 지적소관청에게 제출하여야 한다.
③ 지적측량 의뢰인과 지적측량수행자가 서로 합의하여 따로 기간을 정하는 경우에는 그 기간에 따르되, 전체 기간의 4분의 1은 측량검사기간으로, 전체 기간의 4분의 3은 측량기간으로 본다.
④ 지적삼각보조점성과 및 지적도근점성과를 열람하거나 등본을 발급받으려는 자는 지적측량수행자가 아닌 지적소관청에게 신청하여야 한다.

14 ② 지적소관청은 관할 시·도지사 또는 대도시 시장의 승인을 받은 경우 지적공부를 청사 밖으로 반출할 수 있다.

15 ⑤ 정보처리시스템을 통하여 기록·저장된 지적공부(지적도 및 임야도는 제외한다)를 열람하거나 그 등본을 발급받으려는 경우에는 특별자치시장, 시장·군수 또는 구청장이나 읍·면·동의 장에게 신청할 수 있다(법 제75조 제1항). 시·도지사에게는 열람 또는 발급을 신청할 수는 없다.

16 ④ 지적측량수행계획서, 지적측량의뢰서, 지적측량준비도, 개별공시지가 자료는 지적공부의 복구자료에 해당하지 않는다.

17 ① 지적측량수행계획서, 지적측량의뢰서, 지적측량준비도, 개별공시지가 자료는 지적공부의 복구자료에 해당하지 않는다.

18 ⑤ 개별공시지가 자료, 측량의뢰서는 지적공부의 복구자료에 해당하지 않는다.

19 ⑤ 지적소관청은 지적공부의 전부 또는 일부가 멸실되거나 훼손된 경우에는 지체없이 복구하여야 한다. 시, 도지사의 승인을 받을 필요는 없다.

20 부동산종합공부의 등록사항은 아래와 같다.

토지의 표시 소유자	건축물의 표시 소유자
부동산의 권리	
부동산의 가격	
토지이용 및 규제	

21 ⑤ 부동산등기법 제48조에 따른 부동산의 '권리'에 관한 사항을 등록하여야 한다.

22 ③ 지적소관청은 '불일치 등록사항'에 대해서는 그 등록사항을 관리하는 기관의 장에게 그 내용을 **통지**하여 등록사항 정정을 요청할 수 있다(영 제62조의3 제2항).

23 ④ 토지소유자는 부동산종합공부의 토지의 표시에 관한 사항(『공간정보의 구축 및 관리 등에 관한 법률』에 따른 지적공부의 내용)의 등록사항에 잘못이 있음을 발견하면 지적소관청에 그 정정을 신청할 수 있다.

24 ⑤ 정보처리시스템을 통하여 기록·저장된 지적공부(지적도 및 임야도는 제외한다)를 열람하거나 그 등본을 발급받으려는 경우에는 특별자치시장, 시장·군수 또는 구청장이나 읍·면·동의 장에게 신청할 수 있다.

25 ③ 토지소유자는 부동산종합공부의 토지의 표시에 관한 사항(『공간정보의 구축 및 관리 등에 관한 법률』에 따른 지적공부의 내용)의 등록사항에 잘못이 있음을 발견하면 지적소관청에 그 정정을 신청할 수 있다.

제3장 토지의 이동

Answer

01 ③	02 ③	03 ③	04 ④	05 ①	06 ③	07 ③	08 ③	09 ⑤	10 ④
11 ①	12 ⑤	13 ⑤	14 ⑤	15 ④	16 ②	17 ①	18 ④	19 ④	20 ③
21 ①	22 ②	23 ③	24 ②	25 ⑤	26 ⑤	27 ③	28 ①	29 ⑤	30 ④
31 ⑤	32 ②	33 ①	34 ⑤	35 ③	36 ②	37 ④	38 ⑤	39 ②	40 ④
41 ⑤									

01 ③ 등기필증, 등기완료통지서, 등기사항증명서 등은 신규등록을 신청할 때 제출할 수 있는 소유권 증명서류에 해당하지 않는다.

02 ③ 신규등록하는 토지의 소유자는 지적소관청이 직접 조사하여 결정하여야 한다.

03 ③ 신규등록은 등기촉탁 사유에 해당하지 않는다.

04 ④ 등록전환에 따른 면적을 정할 때 임야대장의 면적과 등록전환될 면적의 차이가 오차의 허용범위 이내인 경우, **등록전환될 면적**을 등록전환 면적으로 결정한다.

05 ① 임야대장의 면적과 등록전환될 면적 차이가 법령에 규정된 **허용범위를 초과하는 경우** 임야대장의 면적 또는 임야도의 경계는 지적소관청의 직권에 의하여 정정하여야 한다.

06 ③ 토지이용상 불합리한 지상경계를 시정하기 위한 경우 토지소유자는 분할을 신청할 수 있다.

07 ③ 분할 후 필지 중 1필지의 지번은 분할 전의 지번으로 하고, 나머지 필지의 지번은 본번의 최종 부번 다음 순번으로 부번을 부여한다.

08 ① 가등기가 있는 경우에는 합병할 수 없다.
② 합병하려는 토지의 지번부여지역이 서로 다른 경우에는 합병할 수 없다.
④ 접수번호도 같아야 합병할 수 있다.
⑤ 합병하려는 토지에 압류, 가압류, 가처분, 경매 등 처분제한등기가 존재할 경우에는 합병할 수 없다.

09 ⑤ 합병하려는 토지 전부에 관하여 등기원인 및 그 연월일과 접수번호가 같은 '저당권등기'가 존재할 경우 토지합병 신청이 가능하지만, 가압류등기가 있으면 합병할 수 없다.

10 ④ 토지의 합필이 제한되는 것과 마찬가지 이유로, 건물의 경우에도 그 일부에 저당권등기가 있는 건물에 대하여는 합병등기를 할 수 없다(법 제42조 제1항).

11 ① 토지이용상 불합리한 지상경계를 시정하려는 경우는 분할대상 토지이다.

12 ⑤ 지적소관청이 직권으로 지적공부의 등록사항을 말소하거나 회복등록하였을 때에는 그 정리 결과를 토지소유자 및 해당 공유수면의 관리청에 통지하여야 한다.

13 ⑤ 바다로 되어 말소된 토지가 지형의 변화 등으로 다시 토지가 된 경우 지적소관청은 토지의 표시 및 소유자에 관한 사항을 **회복등록할 수 있다.**

14 ⑤ **토지이동정리결의서**의 내용과 다르게 정리된 경우에 지적소관청의 직권에 의하여 등록사항을 정정할 수 있다.

15 ㉠ 연속지적도가 잘못된 경우는 직권정정사유에 해당하지 않는다.
㉣ 도면에 등록된 필지가 면적의 증감 없이 경계의 위치만 잘못된 경우는 직권으로 정정할 수 있지만, 지적도에 등록된 필지의 경계가 지상 경계와 일치하지 않아 면적의 증감이 있는 경우는 직권정정 사항으로 볼 수 없다.

16 ② 미등기 토지에 대하여 토지소유자에 관한 등록사항이 명백히 잘못된 경우에는 가족관계 기록사항에 관한 증명서에 따라 정정하여야 한다.

17 ① 지적소관청은 토지의 표시가 잘못되었음을 발견하였을 때에는 (지체 없이) 등록사항정정에 필요한 서류와 등록사항정정 측량성과도를 작성하고, 토지이동정리 결의서를 작성한 후 대장의 사유란에 (등록사항정정 대상토지)라고 적고, 토지소유자에게 등록사항정정 신청을 할 수 있도록 그 사유를 통지하여야 한다.

18 ④ 지적소관청은 등록사항정정 대상토지에 대한 대장을 열람하게 하거나 등본을 발급하는 때에는 (등록사항정정 대상토지)라고 적은 부분을 흑백의 반전(反轉)으로 표시하거나 (붉은색)로 적어야 한다.

19 ④ 정정으로 인하여 인접토지의 경계나 면적이 변동되는 경우에는 등록사항정정 측량성과도를 첨부하여야 하고, 인접토지의 경계가 변경되는 경우에는 인접토지 소유자(이해관계인)의 승낙서 또는 이에 대항할 수 있는 확정판결서를 첨부하여야 한다.

20 ③ 축척변경위원회는 5명 이상 10명 이하의 위원으로 구성하되, 위원의 2분의 1 이상을 토지소유자로 하여야 한다. 이 경우 그 축척변경 시행지역의 토지소유자가 5명 이하일 때에는 토지소유자 전원을 위원으로 위촉하여야 한다(시행령 제79조).

21 ① 지적소관청은 청산금의 결정을 공고한 날부터 20일 이내에 토지소유자에게 청산금의 납부고지 또는 수령통지를 하여야 한다.

22 ② 축척변경위원회는 (5명) 이상 10명 이하의 위원으로 구성하되, 위원의 2분의 1 이상을 토지소유 자로 하여야 한다. 이 경우 그 축척변경 시행지역의 토지소유자가 (5명) 이하일 때에는 토지소유 자 전원을 위원으로 위촉하여야 한다. 위원장은 위원 중에서 (지적소관청)이 지명한다.

23 ③ 납부고지되거나 수령통지된 청산금에 관하여 이의가 있는 자는 납부고지 또는 수령통지를 받은 날부터 (1개월)에 지적소관청에 이의신청을 할 수 있다. 이의신청을 받은 지적소관청은 (1개월)에 축척변경위원회의 심의·의결을 거쳐 그 인용(認容)여부를 결정한 후 지체 없이 그 내용을 이의신 청인에게 통지하여야 한다.

24
- 축척변경 시행지역의 토지소유자 또는 점유자는 시행공고일부터 (30일) 이내에 시행공고일 현 재 점유하고 있는 경계에 경계점표지를 설치하여야 한다.
- 지적소관청은 청산금을 산정하였을 때에는 청산금 조서를 작성하고, 청산금이 결정되었다는 뜻을 (15일) 이상 공고하여 일반인이 열람할 수 있게 하여야 한다.
- 지적소관청은 청산금의 결정을 공고한 날부터 (20일) 이내에 토지소유자에게 청산금의 납부고 지 또는 수령통지를 하여야 한다.

25 ⑤ 축척변경위원회의 회의는 위원장을 포함한 재적위원 과반수의 출석으로 개의하고, 출석위원 과 반수의 찬성으로 의결한다.

26 ⑤ ㉠㉡㉢ 모두 옳은 지문이다(영 제79조 제1항).

27 ③ 축척변경을 할 때에는 지적소관청은 **시·도지사 또는 대도시 시장의 승인**을 얻어야 하므로 축 척변경위원회의 심의·의결사항으로 볼 수 없다.

28 ① 지적소관청은 축척변경에 관한 측량을 완료하였을 때에는 축척변경 신청일 현재의 지적공부상의 면적과 측량 후의 면적을 비교하여 그 변동사항을 표시한 지번별 조서를 작성하여야 한다.

29 ⑤ 청산금의 납부 및 지급이 완료된 때에는 지체 없이 축척변경의 확정공고를 하여야 한다. 이 경우 확정고공고일에 토지의 이동이 있는 것으로 본다.

30 ④ 도시개발사업, 농어촌정비사업, 토지개발사업 등의 사업시행자는 그 사업의 착수, 변경 또는 완료 사실을 그 신고사유가 발생한 날부터 **15일 이내**에 지적소관청에 신고하여야 한다(영 제83조 제2항).

31 ⑤ 「농어촌정비법」에 따른 농어촌정비사업의 사업시행자가 지적소관청에 토지의 이동을 신청한 경우 토지의 이동은 토지의 형질변경 등의 '공사가 준공된 때'에 이루어진 것으로 본다(법 제86조 제3항).

32 ① 「농어촌정비법」에 따른 농어촌정비사업 등의 사업시행자는 그 사업의 착수·변경 및 완료 사실을 지적소관청에 신고하여야 한다.
③ 도시개발사업 등에 따른 토지의 이동은 토지의 형질변경 등의 공사가 '준공'된 때에 이루어진 것으로 본다.
④ 도시개발사업과 관련하여 토지의 이동이 필요한 경우에는 해당 사업의 시행자가 지적소관청에 토지의 이동을 신청하여야 하므로, 토지소유자도 직접 토지이동을 신청할 수 없다. 토지소유자가 토지의 이동을 원하는 경우에는 사업시행자에게 토지의 이동을 신청하도록 요청하여야 한다.
⑤ 신청대상지역이 환지(換地)를 수반하는 경우에는 사업완료 신고로써 이를 갈음할 수 있다.

33 ① 「도시개발법」에 따른 도시개발사업, 「농어촌정비법」에 따른 농어촌정비사업, 그 밖에 대통령령으로 정하는 토지개발사업의 시행자는 그 사업의 착수·변경 및 완료 사실을 지적소관청에 신고하여야 한다(법 제86조 제1항). 「지적재조사에 관한 특별법」에 따른 지적재조사사업은 도시개발사업 등의 시행자가 그 사업의 착수·변경·완료 사실을 지적소관청에 신고하여야 하는 사업에 해당하지 아니한다.

34 ⑤ 지적소관청이 지적공부의 등록사항에 관한 토지의 이동이 있는 경우에는 **토지이동정리 결의서**를, 토지소유자의 변동 등에 따른 지적공부를 정리하고자 하는 경우에는 소유자정리 결의서를 작성하여야 한다.

35 ③ 지적공부에 등록된 토지소유자의 변경사항은 등기관서에서 등기한 것을 증명하는 등기필증, 등기완료통지서, 등기사항증명서 또는 등기관서에서 제공한 등기전산정보자료에 따라 정리한다. 다만, 신규등록하는 토지의 소유자는 지적소관청이 직접 조사하여 등록한다(법 제88조 제1항).

36 ② 지적소관청은 등기부에 적혀 있는 토지의 표시가 지적공부와 일치하지 아니하면 토지소유자를 정리할 수 없다. 이 경우 토지의 표시가 지적공부와 일치하지 아니하다는 사실을 관할 등기관서에 통지하여야 한다.

37 ④ 등기관서의 등기완료통지서에 의하여 지적공부에 등록된 토지소유자의 변경사항을 정리한 때에는 지적정리 사실을 토지소유자에게 통지할 필요가 없다.

38 ⑤ 지적소관청은 토지이동에 따른 토지의 표시에 관한 변경등기가 필요한 경우 그 **등기완료의 통지서를 접수한 날**부터 15일 이내에 토지소유자에게 지적정리 등을 통지하여야 한다.

39 ② 지적소관청이 토지소유자에게 지적정리 등을 통지하여야 하는 시기는 다음과 같다(영 제85조).

> 1. 토지의 표시에 관한 변경등기가 필요한 경우: 그 등기완료의 통지서를 접수한 날부터 **15일 이내**
> 2. 토지의 표시에 관한 변경등기가 필요하지 아니한 경우: 지적공부에 등록한 날부터 **7일 이내**

40 ④ 지적소관청은 등록전환으로 인하여 토지의 표시에 관한 변경등기가 필요한 경우에는, **등기완료 통지서를 접수한 날부터** 15일 이내에 해당 토지소유자에게 지적정리를 통지하여야 한다.

41 ⑤ 지적소관청은 토지이동에 따른 토지의 표시에 관한 변경등기가 필요한 경우 그 등기완료의 통지서를 접수한 날부터 15일 이내에 토지소유자에게 지적정리 등을 통지하여야 한다.

제**4**장 | 지적측량

Answer

01 ⑤	02 ②	03 ④	04 ⑤	05 ②	06 ④	07 ②	08 ②	09 ④	10 ③
11 ②	12 ①	13 ⑤	14 ②	15 ③	16 ④	17 ④	18 ⑤	19 ①	

01 ⑤ **연속지적도**란 지적측량을 하지 아니하고 전산화된 지적도 및 임야도 파일을 이용하여, 도면상 경계점들을 연결하여 작성한 도면으로서 측량에 활용할 수 없는 도면을 말한다. 따라서 연속지적도로 지적측량을 할 수는 없다.

02 ⓒ 국가기준점 또는 공공기준점을 설치하는 경우는 지적측량의 대상에 해당하지 않는다.

03 ④ 지적현황측량이란 지상건축물 등의 현황을 지형도가 아닌 지적도에 등록된 경계와 대비하여 표시하는 것을 말한다(법 제23조).

04 ⑤ **지적재조사측량과 검사측량**은 토지소유자 등 이해관계인이 지적측량수행자에게 **의뢰할 수 없는 지적측량**이다(법 제24조 제1항).

05 ㉠ **지적재조사측량**, ㉣ 검사측량은 토지소유자 등 이해관계인이 지적측량수행자에게 의뢰할 수 없는 지적측량이다(법 제24조 제1항).

06 ④ 지적측량수행자가 지적측량 의뢰를 받은 때에는 측량기간, 측량일자 및 측량수수료를 기재한 지적측량 수행계획서를 그 다음 날까지 지적소관청에 제출하여야 한다.

07 ② 지적측량수행자가 지적측량 의뢰를 받은 때에는 측량기간, 측량일자 및 측량수수료 등을 적은 지적측량 수행계획서를 그 다음 날까지 **지적소관청**에게 제출하여야 한다.

08 ② 지적측량의 측량기간은 (5)일로 하며, 측량검사 기간은 (4)일로 한다. 다만, 지적기준점을 설치하여 측량 또는 측량검사를 하는 경우 지적기준점이 15점 이하인 경우에는 (4)일을, 15점을 초과하는 경우에는 (4)일에 15점을 초과하는 (4)점마다 1일을 가산한다.

09 ④ 지적측량 의뢰인과 지적측량수행자가 서로 합의하여 따로 기간을 정하는 경우에는 그 기간에 따르되, 전체 기간의 4분의 3은 측량기간으로, 전체 기간의 4분의 1은 측량검사기간으로 본다.

10 ③ 지적측량의 측량기간은 5일로 하며, 측량검사기간은 4일로 한다. 다만, 지적기준점을 설치하여 측량 또는 측량검사를 하는 경우 지적기준점이 15점 이하인 때에는 4일을, 15점을 초과하는 때에는 4일에 15점을 초과하는 4점마다 1일을 가산한다(**5일 + 4일 + 1일 = 10일**).

11 ② 지적측량의뢰인과 지적측량수행자가 서로 합의하여 따로 기간을 정하는 경우에는 그 기간에 따르되, 전체 기간의 3/4은 측량기간으로, 전체 기간의 1/4은 측량검사기간으로 본다(규칙 제25조 제4항). 따라서 지적측량의뢰인과 지적측량수행자가 서로 합의하여 측량기간과 측량검사기간을 합쳐 20일로 정한 경우 측량기간은 3/4인 15일이고, 측량검사기간은 1/4인 5일이 된다.

12 ① 지적측량의뢰인과 지적측량수행자가 서로 합의하여 측량기간과 측량검사기간을 합쳐 32일로 정한 경우 측량기간은 3/4 (24일)이고, 측량검사기간은 1/4 (8일)이다.

13 ⑤ 지적측량의뢰인과 지적측량수행자가 서로 합의하여 기간을 정하는 경우에는 그 협의 또는 계약에 정하여진 기간에 의하되, 전체기간의 **4분의 3**은 측량기간으로, 전체기간의 4분의 1은 측량검사기간으로 본다.

14 ② **경계복원측량 및 지적현황측량**을 실시한 때에는 시·도지사 또는 지적소관청에게 측량성과에 대한 검사를 받을 필요가 없다.

15 아래 사항은 중앙지적위원회의 심의·의결이다.
  ① 지적기술자의 업무정지 처분 및 징계요구에 관한 사항
  ② 지적분야 측량기술자의 양성에 관한 사항
  ④ 지적측량기술의 연구·개발 및 보급에 관한 사항
  ⑤ 지적 관련 정책 개발 및 업무 개선 등에 관한 사항

16 ④ 지적재조사 기본계획 및 변경에 관한 사항은 국토교통부장관이 수립하여야 하므로, 중앙지적위원회의 심의·의결사항에 해당하지 않는다.

> 중앙지적위원회는 다음 각 호의 사항을 심의·의결한다(법 제28조).
> 1. 지적 관련 정책 개발 및 업무 개선 등에 관한 사항
> 2. 지적측량기술의 연구·개발 및 보급에 관한 사항
> 3. 지적측량 적부심사(適否審査)에 대한 재심사(再審査)
> 4. 지적기술자의 양성에 관한 사항
> 5. 지적기술자의 업무정지 처분 및 징계요구에 관한 사항

17 ① 지적측량 적부심사청구를 받은 시·도지사는 30일 이내에 다툼이 되는 지적측량의 경위 및 그 성과, 해당 토지에 대한 토지이동 및 소유권 변동 연혁, 해당 토지 주변의 측량기준점, 경계, 주요 구조물 등 현황 실측도를 조사하여 지방지적위원회에 회부하여야 한다.

② 지적측량 적부심사청구를 회부받은 지방지적위원회는 부득이한 경우가 아닌 경우 그 심사청구를 회부받은 날부터 60일 이내에 심의·의결하여야 한다.

③ 지방지적위원회는 부득이한 경우에 심의기간을 해당 지적위원회의 의결을 거쳐 30일 이내에서 한 번만 연장할 수 있다.

⑤ 의결서를 받은 자가 지방지적위원회의 의결에 불복하는 경우에는 그 의결서를 받은 날부터 90일 이내에 국토교통부장관을 거쳐 중앙지적위원회에 재심사를 청구할 수 있다.

18 ⑤ 위원장이 중앙지적위원회의 회의를 소집할 때에는 회의 일시·장소 및 심의 안건을 회의 5일 전까지 각 위원에게 서면으로 통지하여야 한다.

19 ① ㉠: 30일, ㉡: 60일, ㉢: 30일, ㉣: 7일, ㉤: 90일

부동산등기법

제1장 등기절차 총론

Answer

01 ②	02 ①	03 ③	04 ②	05 ③	06 ③	07 ④	08 ⑤	09 ④	10 ⑤
11 ④	12 ①	13 ④	14 ⑤	15 ①	16 ③	17 ⑤	18 ②	19 ④	20 ①
21 ③	22 ③	23 ④	24 ⑤	25 ③					

01 ② 미성년자 및 외국인을 포함한 모든 자연인은 소유권보존등기의 등기신청능력이 있다.

02 ① 농업협동조합, 수산업협동조합과 같은 특별법상 조합은 그 조합 명의로 등기를 할 수 있다.

03 ③ 학교는 교육을 위하여 이용하는 시설물에 불과하므로 그 명의로는 등기할 수 없다. 국립대학교의 경우는 '국'으로, 사립대학교의 경우는 '학교법인(재단법인)'으로 등기를 신청하여야 한다.

04 ② 지방자치단체는 등기신청의 당사자능력이 인정되지만, 읍·면은 등기신청적격이 인정되지 아니한다.

05 ㉡ 공유물분할판결에 따른 소유권이전등기는 등기의무자 또는 등기권리자가 단독으로 신청한다.
㉣ 권리의 말소등기는 공동으로 신청하는 것이 원칙이다.

06 ㉢ 근저당권의 채권최고액을 감액하는 근저당권자의 변경등기를 신청하는 경우에는 등기의무자(근저당권자)와 등기권리자(근저당권설정자)가 공동으로 신청하여야 한다.
㉣ 포괄유증을 원인으로 하는 소유권이전등기를 신청하는 경우에는 등기의무자(상속인 또는 유언집행자)와 등기권리자(수증자)가 공동으로 신청하여야 한다.

07 ④ 판결에 의한 소유권이전등기신청서에는 판결정본과 그 판결에 대한 확정증명서를 첨부하여야 한다.

08 ⑤ 소유권이전등기절차의 이행을 명하는 확정판결을 받았다면 그 확정시기가 언제인가에 관계없이 그 판결에 의한 소유권이전등기를 신청할 수 있다(예규 제1692호).

09 ㉡ 특정유증으로 인한 소유권이전등기는 상속인 또는 유언집행자가 등기의무자, 수증자가 등기권리자가 되어 공동으로 신청한다.
㉣ 저당권의 피담보채권액을 증액하는 변경등기는 저당권설정자와 저당권자가 공동으로 신청한다.

10 ⑤ 민법상 조합 명의로는 근저당권설정등기를 신청할 수도 없고, 채무자로 표시한 근저당권설정등기도 신청할 수 없다.

11 ⓒ 등기관은 乙에게 등기필정보가 아닌 등기완료통지를 하여야 한다.

12 ② 존재하지 아니하는 건물에 대한 등기가 있을 때 그 소유권의 등기명의인은 지체 없이 그 건물의 멸실등기를 신청하여야 한다.
③ 저당권부채권에 대한 질권의 설정등기는 부기등기로 할 수 있다.
④ 등기의 순서는 등기기록 중 같은 구(區)에서 한 등기 상호간에는 순위번호에 따르고, 다른 구에서 한 등기 상호간에는 접수번호에 따른다.
⑤ 대표자가 있는 법인 아닌 재단에 속하는 부동산의 등기에 관하여는 그 재단을 등기권리자 또는 등기의무자로 하여야 한다.

13 매매를 등기원인으로 하는 소유권이전등기를 신청하는 경우 ① 법인 대표자의 주민등록번호, ② 신청근거규정, ③ 토지의 표시에 관한 사항 중 표시번호, ⑤ 대리인의 주민등록번호는 신청정보의 기록사항에 해당하지 않지만, ④ 등기의무자의 등기필정보는 반드시 등기소에 제공하여야 한다.

14 ⑤ 유증을 원인으로 하는 소유권이전등기를 신청하는 경우에는 등기의무자와 등기권리자가 공동신청하여야 하므로 등기의무자의 등기필정보를 등기소에 제공하여야 한다.

15 ① 신탁등기의 말소등기는 권리의 이전 또는 말소등기와 함께 1건의 신청정보로 일괄하여 신청하여야 한다.

16 ③ 부동산의 합유지분에 대한 가압류 또는 가처분등기는 할 수 없다.

17 ① 등기관이 보정통지를 하고자 할 때에는 전자우편, 구두, 모사전송(fax)의 방법으로 할 수 있다.
② 법인이 아닌 사단은 전자신청을 할 수 없다.
③ 전자신청의 취하는 전산정보처리조직을 이용하여야 한다.
④ 법인이 전자신청을 하려면 전자증명서를 통한 이용등록을 하여야 한다.

18 ① 지번이나 행정구역의 명칭이 변경되어 건축물대장의 기록내용이 변경되는 경우에는 소유권에 관한 등기명의인에게 신청의무가 없다.
③ 외국인은 「출입국관리법」에 따라 외국인등록을 하면 전자신청을 할 수 있다.
④ 법인 아닌 사단이 등기권리자로서 등기신청을 하는 경우, 그 대표자의 성명 및 주소를 증명하는 정보를 첨부정보로 제공하여야 하고 주민등록번호도 제공하여야 한다.
⑤ 이행판결에 의한 등기는 승소한 등기권리자는 단독신청할 수 있지만, 패소한 등기의무자는 신청할 수 없다.

19 ④ 乙이 甲의 위임을 받으면 그의 대리인으로서 소유권이전등기를 신청할 수 있다.

20 ① 판결에 의한 소유권이전등기를 등기권리자가 단독으로 신청하는 경우에는 등기의무자의 주소증명정보를 등기소에 제공할 필요가 없다. 다만, 판결문상의 피고의 주소가 등기기록상의 등기의무자 주소와 다른 경우(등기기록상 주소가 판결에 병기된 경우 포함)에는 동일인임을 증명할 수 있는 자료로서 등기의무자의 주민등록표초본 또는 등본도 제출하여야 한다.

21 ① 등기권리자가 등기필정보를 분실한 경우, 관할 등기소에 재교부를 신청할 수 없다.
② 승소한 등기의무자가 단독으로 권리에 관한 등기를 신청하는 경우, 그의 등기필정보를 등기소에 제공하여야 한다.
④ 승소한 등기의무자가 단독으로 등기신청을 한 경우에는, 등기권리자에게 등기필정보를 통지할 필요가 없다.
⑤ 공유자 중 일부가 공유자 전원을 등기권리자로 하여 권리에 관한 등기를 신청한 경우에는 전원에게 등기필정보를 통지할 필요가 없다.

22 ① 등기권리자의 채권자가 등기권리자를 대위하여 등기신청을 한 경우, 그 대위채권자에게는 등기완료통지를 하여야 한다.
② 등기명의인의 포괄승계인도 등기필정보의 실효신고를 할 수 있다.
④ 법정대리인이 등기를 신청하여 본인이 새로운 권리자가 된 경우, 등기필정보는 특별한 사정이 없는 한 법정대리인에게 통지된다.
⑤ 등기절차의 인수를 명하는 판결에 따라 승소한 등기의무자가 단독으로 등기를 신청하는 경우에는, 자신의 등기필정보를 등기소에 제공하여야 한다.

23 ① 등기절차의 인수를 명하는 판결에 따라 승소한 등기의무자가 단독으로 등기를 신청하는 경우, 등기필정보를 등기소에 제공하여야 한다.
② 법정대리인이 등기를 신청하여 본인이 새로운 권리자가 된 경우, 등기필정보는 특별한 사정이 없는 한 본인이 아닌 법정대리인에게 통지하여야 한다.
③ 등기명의인의 포괄승계인도 등기필정보의 실효신고를 할 수 있다.
⑤ 등기권리자의 채권자가 등기권리자를 대위하여 등기신청을 한 경우에는, 그 대위채권자에게 등기완료통지를 하여야 한다.

24 ⑤ 이의신청은 결정 또는 처분을 한 등기관이 속한 등기소에 이의신청서를 제출하거나 전산정보처리조직을 이용하여 이의신청정보를 보내는 방법으로 하여야 한다.

25 ㉠ 이의에는 집행정지의 효력이 없다.
㉡ 등기관은 이의가 이유 없다고 인정하면 이의신청일로부터 3일 이내에 의견을 붙여 이의신청서를 관할 지방법원에 보내야 한다.
㉢ 이의신청자는 새로운 사실을 근거로 이의신청을 할 수 없다.

제 2 장 | 소유권에 관한 등기

Answer

01 ③	02 ④	03 ②	04 ①	05 ②	06 ⑤	07 ③	08 ④	09 ③	10 ⑤
11 ①	12 ⑤	13 ②	14 ③	15 ④	16 ③	17 ①	18 ⑤	19 ①	20 ③
21 ④									

01 ③ 규약에 따라 공용부분으로 등기된 후 그 규약이 폐지된 경우, 그 공용부분 취득자는 소유권보존등기를 신청하여야 한다.

02 © 가등기가처분등기와 @ 압류등기는 직권에 의한 소유권보존등기 사유에 해당하지 않는다.

03 ① 확정판결에 의하여 자기의 소유권을 증명하여 소유권보존등기를 신청할 경우, 소유권을 증명하는 판결은 그 종류를 불문한다.
③ 등기관이 소유권보존등기를 할 때에는 등기기록에 등기원인과 그 연월일을 기록할 필요가 없다.
④ 특별자치도지사의 확인에 의해 자기의 소유권을 증명하여 소유권보존등기를 신청할 수 있는 경우는 건물에 한한다.
⑤ 토지대장의 최초 소유자로부터 미등기 토지를 증여받은 자는 최초 소유자 앞으로 먼저 보존등기를 하고 증여받은 자 명의로 소유권이전등기를 신청하여야 한다.

04 ① 특별자치도지사, 시장, 군수 또는 구청장의 확인에 의하여 자기의 소유권을 증명하는 자는 건물의 소유권보존등기를 신청할 수 있다.

05 ① 甲과 乙이 공유하고 있는 미등기 토지에 대한 공유물분할판결이 있는 경우에는 토지의 분필절차를 거친 후에 소유권보존등기를 하여야 한다.
③ 자치구 구청장의 확인에 의하여 자기의 소유권을 증명하는 자는 건물의 소유권보존등기를 신청할 수 있다.
④ 수용으로 인하여 소유권을 취득하였음을 증명하는 자는 자기명의로 소유권보존등기를 신청할 수 있다.
⑤ 소유권보존등기를 신청하는 자는 신청정보의 내용으로 등기원인과 그 연월일을 제공할 필요가 없다.

06 ① 압류등기는 직권에 의한 소유권보존등기를 할 사유에 해당하지 않는다.
② 소유권보존등기를 신청하는 경우 신청인은 등기소에 등기필정보를 제공할 필요가 없다.
③ 소유권보존등기의 경우, 등기원인과 그 연월일을 기록할 필요가 없다.
④ 군수의 확인에 의하여 자기의 소유임을 증명하는 자는 건물의 보존등기를 신청할 수 있다.

07 ③ 특별자치도지사, 시장, 군수 또는 구청장의 확인에 의하여 자기의 소유권을 증명하는 자는 건물의 소유권보존등기를 신청할 수 있다. 그러나 이 경우 토지의 소유권보존등기는 신청할 수 없다.

08 ④ 토지대장상 최초의 소유자인 甲의 미등기 토지가 상속된 경우에는, 상속인명의로 직접 소유권보존등기를 하여야 한다.

09 ③ 군수의 확인에 의해 소유권을 증명한 자는 건물에 대한 소유권보존등기를 신청할 수 있다.

10 ⑤ 건물의 경우에는 시장, 군수, 구청장 등을 상대로 한 소유권 확인판결을 받은 후 소유권보존등기를 신청할 수 있다.

11 ① 甲과 乙은 증여계약의 효력이 발생한 날부터 60일 이내에 X부동산에 대한 소유권이전등기를 신청하여야 한다.

12 ⑤ 소유권이전등기와 환매특약등기는 별개의 신청정보로 동시에 신청하여야 한다.

13 ② 수용에 의한 소유권이전등기를 하는 경우, 그 부동산의 처분제한등기는 직권말소 대상이지만, 그 부동산을 위해 존재하는 지역권등기는 직권말소할 수 없다.

14 ⓛ 수용으로 인한 소유권이전등기신청서에 등기원인은 토지수용으로, 그 연월일은 수용의 개시일로 기재해야 한다.
ⓒ 수용으로 인한 소유권이전등기가 된 후 토지수용위원회의 재결이 실효된 경우, 그 소유권이전등기의 말소등기는 공동으로 신청한다.

15 ⓒ 수용개시일 후에 경료한 소유권이전등기는 직권 말소하여야 한다.
ⓔ 협의분할에 의한 상속등기를 신청하는 경우 등기의무자의 등기필정보는 등기소에 제공할 필요가 없다.

16 ① 등기의무자의 등기필정보를 등기소에 제공하여야 한다.
② 유증으로 인한 소유권이전등기청구권보전의 가등기는 유언자가 생존 중인 경우에만 할 수 있다.
④ 유증에 조건이 붙은 경우에는 조건이 성취된 날을 등기원인일자로 등기신청정보에 기록한다.
⑤ 유증으로 인한 소유권이전등기신청이 상속인의 유류분을 침해하는 경우에도, 등기관은 이를 수리하여야 한다.

17 ① 유증으로 인한 소유권이전등기는 상속등기를 거치지 않고 수증자 명의로 곧바로 소유권이전등기를 신청하여야 한다.

18 ⑤ 신탁재산의 일부가 처분되어 권리이전등기와 함께 신탁등기의 변경등기를 할 경우에도, 하나의 순위번호를 사용하여야 한다.

19 ① 신탁등기 신청은 수탁자가 단독으로 신청하여야 한다.

20 ① 신탁등기의 말소등기는 수탁자가 단독으로 신청한다.
② 수익자는 수탁자를 대위하여 신탁등기를 신청할 수 있다.
④ 위탁자와 수익자가 합의로 적법하게 수탁자를 해임함에 따라 수탁자의 임무가 종료된 경우, 신수탁자는 단독으로 신탁재산인 부동산에 관한 권리이전등기를 신청할 수 있다.
⑤ 신탁재산에 속한 권리가 이전됨에 따라 신탁재산에 속하지 아니하게 된 경우, 신탁등기의 말소신청은 신탁된 권리의 이전등기와 동시에 하여야 한다.

21 ① 등기관은 위탁자를 등기의무자로 하는 처분제한의 등기촉탁은 이를 수리할 수 없지만, 수탁자를 등기의무자로 하는 위와 같은 등기의 촉탁은 수리할 수 있다.
② 수익자가 수탁자를 대위하여 신탁등기를 신청할 경우에는, 해당 부동산에 대한 권리의 설정등기와 동시에 신청하지 아니한다.
③ 신탁으로 인한 권리의 이전등기와 신탁등기는 하나의 순위번호를 사용한다.
⑤ 수탁자가 수인일 경우, 신탁재산은 수탁자의 합유로 한다.

제3장 소유권 외의 권리에 관한 등기

Answer

01 ③	02 ①	03 ⑤	04 ④	05 ③	06 ④	07 ⑤	08 ④	09 ④	10 ②
11 ①									

01 ㉠ 근저당권: 변제기는 필요적 기록사항이 아니다.
㉢ 지상권: 지료는 필요적 기록사항이 아니다.

02 ㉡ 승역지에 지역권설정등기를 하였을 경우, 요역지지역권등기는 등기관의 직권에 의한다.
㉣ 유증으로 인한 소유권이전등기는 공동으로 신청하여야 한다.
㉤ 근저당권의 채권최고액을 증액하는 변경등기는 공동으로 신청하여야 한다.

03 ⑤ 임대차 차임지급시기에 관한 약정이 있는 경우, 임차권 등기에 이를 기록하지 않아도 그 등기의 유효성은 인정된다.

04 ④ 전세권의 설정범위가 토지의 일부인 경우, 그 부분을 표시한 도면을 등기소에 제공하여야 한다.

05 ③ 전세권이 소멸한 후에, 甲과 丙은 전세금반환채권의 일부양도에 따른 전세권일부이전등기를 신청할 수 있다.

06 ④ 건물이나 토지의 일부에 대한 전세권·지상권·지역권·임차권의 설정등기를 신청하는 경우에는 그 부분을 표시한 도면을 첨부정보로 제공하여야 한다.

07 ① 1필 토지 전부에 지상권설정등기를 하는 경우에도, 지상권 설정의 범위는 반드시 기록하여야 한다.
② 지역권의 경우, 승역지의 등기기록에 설정의 목적, 범위 등을 기록한 후에는, 요역지의 등기기록에도 지역권에 관한 등기사항을 직권으로 기록하여야 한다.
③ 전세권의 존속기간이 만료된 경우, 그 전세권설정등기를 말소하지 않고서는 동일한 범위를 대상으로 하는 다른 전세권설정등기를 할 수 없다.
④ 임차권설정등기기록에는 차임을 기록하여야 한다.

08 ① 1필 토지 전부에 지상권설정등기를 하는 경우에도, 지상권 설정의 범위를 기록하여야 한다.
② 공동전세목록은 5개 이상의 목적물에 전세권설정등기를 하는 경우에 작성하는 장부이다.
③ 전세권의 존속기간이 만료된 경우, 그 전세권설정등기를 말소하지 않은 경우에는 동일한 범위를 대상으로 하는 다른 전세권설정등기를 할 수 없다.
⑤ 임차권설정등기기록에는 차임 및 임차보증금을 반드시 기록하여야 한다.

09 ④ 주택임차권등기명령에 따라 임차권등기가 된 경우, 그 등기에 기초한 임차권이전등기는 할 수 없다.

10 ② 5개의 부동산이 공동담보의 목적물로 제공되는 경우, 등기관은 공동담보목록을 작성하여야 한다.

11 ② 여러 명의 채무자가 연대채무자인 근저당권설정등기의 경우라도 그 뜻을 기록할 필요는 없다.
③ 부동산의 일부에 대한 근저당권설정등기는 할 수 없으나, 부동산의 공유지분에 대한 근저당권설정등기는 할 수 있다.
④ 1번 근저당권의 채권자가 여러 명인 경우에도, 그 근저당권설정등기의 채권최고액은 단일하게 기록하여야 한다.
⑤ 채권자가 등기절차에 협력하지 아니한 채무자를 피고로 하여 등기절차의 이행을 명하는 확정판결을 받은 경우, 채권자는 단독으로 근저당권설정등기를 신청할 수 있다.

제4장 각종의 등기절차

01 ④	02 ⑤	03 ③	04 ⑤	05 ②	06 ③	07 ②	08 ②	09 ②	10 ③
11 ②	12 ⑤	13 ③	14 ④	15 ④	16 ④	17 ④	18 ④	19 ⑤	20 ③
21 ⑤	22 ⑤	23 ④	24 ②	25 ⑤	26 ③	27 ②	28 ③	29 ③	30 ①
31 ⑤	32 ⑤	33 ①	34 ①	35 ②	36 ⑤	37 ①	38 ③	39 ④	40 ③
41 ①	42 ③								

01 ④ 건물의 면적이 변경된 경우에는 주등기의 방법으로 변경등기를 하여야 한다.

02 ⑤ 근저당권의 채권최고액을 증액하는 경우에는 이해관계 있는 제3자의 승낙을 얻으면 부기등기로, 얻지 못하면 주등기로 하여야 한다.

03 ③ 권리의 변경등기에 관한 이해관계 있는 제3자의 승낙을 얻으면 부기등기로, 얻지 못하면 주등기로 하여야 한다.

04 ① 유증으로 인한 소유권이전등기는 상속등기를 거치지 않고 유증자로부터 직접 수증자 명의로 신청하여야 한다.
② 유증으로 인한 소유권이전등기 신청이 상속인의 유류분을 침해하는 내용인 경우에도 등기관은 이를 수리하여야 한다.
③ 신탁재산이 소유권인 경우 등기관은 신탁재산에 속하는 부동산의 거래에 관한 주의사항을 부기등기로 기록하여야 한다.
④ 상속등기 경료 전의 상속재산분할협의에 따라 상속등기를 신청하는 경우, 등기원인일자는 '피상속인의 사망일'로 한다.

05 ② 원시적 일부 불일치 - 경정등기, 후발적 일부 불일치 - 변경등기, 전부 불일치 - 말소등기, 건물의 일부 멸실 - 변경등기

06 ③ 권리의 종류를 잘못 적은 경우에는 경정등기의 대상에 해당하지 아니한다.

07 ㉢ 환매에 의한 권리취득의 등기를 하였을 때에는 환매특약의 말소등기는 등기관이 직권으로 말소하여야 한다.
㉣ 甲소유 토지에 설정된 乙명의의 저당권을 丙에게 이전하는 등기를 신청하는 경우, 등기의무자는 乙이다.
㉤ 등기된 건물이 화재로 없어진 경우, 소유권의 등기명의인은 1개월 이내에 멸실등기를 신청하여야 한다.

08 ② 말소되는 등기의 종류에는 제한이 없지만, 말소등기의 말소등기는 허용되지 않는다.

09 ① 부동산이 甲 ⇨ 乙 ⇨ 丙 순으로 매도되었으나 등기명의가 甲에게 남아 있어 丙이 乙을 대위하여 소유권이전등기를 신청하는 경우 등기권리자는 乙이다.
③ 소재불명으로 인하여 말소할 권리가 전세권 또는 저당권인 경우에는 제권판결에 의하여 등기권리자가 단독으로 말소등기를 신청할 수 있다.
④ 소유권이전청구권보전을 위한 가등기에 기해 본등기를 한 경우, 가등기 이후에 마쳐진 근저당권설정등기는 등기관이 직권말소한 후 이를 등기명의인에게 통지한다.
⑤ 농지를 목적으로 하는 전세권설정등기가 실행된 경우 당사자의 신청이 없더라도 등기관이 이를 직권으로 말소할 수 있다.

10 ⓒ 甲 ⇨ 乙 ⇨ 丙 순으로 소유권이전등기가 이루어졌으나 乙 명의의 등기가 원인무효임을 이유로 甲이 丙을 상대로 丙 명의의 등기 말소를 명하는 확정판결을 얻은 경우, 그 판결에 따른 등기에 있어서 등기권리자는 乙이다.

11 ② 甲소유의 부동산에 대하여 乙명의의 근저당권설정등기, 丙명의의 소유권이전등기가 순차적으로 경료된 후에 乙명의의 근저당권설정등기를 원인무효를 이유로 말소하고자 하는 경우, 甲 또는 丙은 乙과 공동으로 말소등기를 신청하여야 한다.

12 ⑤ 甲소유의 부동산에 대하여 乙명의의 근저당권설정등기, 丙명의의 소유권이전등기가 순차적으로 경료된 후에 乙명의의 근저당권설정등기를 말소하고자 하는 경우, 甲도 말소등기를 청구할 수 있는 당사자에 해당한다.

13 ③ 근저당권이 이전된 후 근저당권의 양수인은 소유자인 근저당권설정자와 공동으로 그 근저당권 말소등기를 신청하여야 한다.

14 ④ 근저당권의 채권최고액을 증액하는 경우에는 이해관계 있는 제3자의 승낙을 얻으면 부기등기로, 얻지 못하면 주등기로 하여야 한다.

15 ④ 권리의 변경등기에 관한 이해관계 있는 제3자의 승낙을 얻으면 부기등기로, 얻지 못하면 주등기로 하여야 한다.

16 ④ 피담보채무의 소멸을 이유로 근저당권설정등기가 말소되는 경우, 채무자를 추가한 근저당권 변경의 부기등기는 직권으로 말소된다.

17 ④ 소유권을 목적으로 하는 처분제한등기는 주등기로 하여야 한다.

18 ④ 저당권설정등기는 '**주등기**'에 의하지만, 지상권 또는 전세권을 목적으로 하는 저당권설정등기는 부기등기에 의한다.

19 ⑤ 전세권이나 지상권을 목적으로 하는 저당권설정등기는 부기등기로 하여야 한다.

20 ③ 저당권실행을 위한 경매개시결정등기는 갑구에 주등기로 하여야 하는 등기이다.

21 ⑤ 가등기를 명하는 가처분명령은 부동산 소재를 관할하는 법원에 하여야 한다.

22 ① 소유권이전등기청구권이 시기부, 정지조건부일 경우에는 가등기를 신청할 수 있다.
② 매매대금의 지급을 담보하기 위하여 마쳐진 가등기에 의한 본등기를 신청하는 경우에는 가등기담보 등에 관한 법률의 청산절차를 거칠 필요가 없다.
③ 가등기 신청시 그 가등기로 보전하려고 하는 권리를 신청정보의 내용으로 등기소에 제공하여야 한다.
④ 가등기권리자가 가등기를 명하는 가처분명령을 신청할 경우, 부동산 소재지를 관할하는 지방법원에 신청하여야 한다.

23 ④ 하나의 가등기에 관하여 여러 사람의 가등기권리자가 있는 경우에 그 중 1인은 전원명의의 본등기는 신청할 수 없지만, 자기의 지분만에 관한 본등기는 신청할 수 있다.

24 ② 등기관이 소유권이전등기청구권보전 가등기에 의한 본등기를 한 경우, 가등기 후 본등기 전에 마쳐진 해당 가등기상 권리를 목적으로 하는 가처분등기는 직권으로 말소할 수 없는 권리에 해당한다.

25 ⑤ 가등기상의 권리를 목적으로 하는 가압류(가처분)등기, 가등기권자에게 대항할 수 있는 주택임차권등기는 직권말소할 수 없는 권리에 해당한다.

26 ㉠ 토지수용의 재결실효에 따른 소유권이전등기의 말소등기는 공동으로 신청하여야 한다.
㉣ 포괄유증을 원인으로 하는 소유권이전등기는 상속인 또는 유언집행자가 등기의무자가 되고, 수증자가 등기권리자가 되어 공동으로 신청하여야 한다.

27 ② 가등기권자가 사망한 경우, 그 상속인은 상속등기를 거치지 않고 곧바로 상속인 명의의 본등기를 신청할 수 있다.

28 ③ 임차권설정등기청구권보전 가등기에 의하여 본등기를 한 경우, 가등기 후 본등기 전에 마쳐진 당해 토지에 대한 저당권설정등기는 지상권설정의 본등기와 양립할 수 있는 등기이므로 등기관의 직권말소대상이 아니다.

29　① 소유권이전등기 말소청구의 소에서 패소한 등기의무자는 그 판결에 의하여 직접 등기신청을 할 수 없다.

　　② 형사재판에서 원인 무효임이 판명된 소유권보존등기는 등기관의 직권말소 대상에 해당하지 않는다.

　　④ 변론종결 후에 마쳐진 등기의 말소등기신청과 원인무효인 소유권이전등기의 말소등기신청은 동시에 하여야 한다.

　　⑤ 집행법원의 촉탁에 의하여 등기를 말소하는 때에는 그 말소에 대한 등기상 이해관계인의 승낙서 등을 첨부할 필요가 없다.

30　㉠ 유치권과 ㉢ 주위토지통행권은 등기할 수 없는 권리에 해당한다.

31　① 관공서의 공매처분으로 인한 권리이전의 등기는 법원의 촉탁등기에 해당한다.

　　② 농지에 대한 전세권설정등기를 등기할 사항에 해당하지 않는다.

　　③ 가압류등기는 법원의 촉탁등기에 해당한다.

　　④ 여러 명의 공동상속인 중 1인의 상속지분만에 대해서는 상속등기를 신청할 수 없다.

32　㉠, ㉡, ㉢, ㉣은 모두 법 제29조 제2호(사건이 등기할 것이 아닌 경우)에 해당하여 각하하여야 하는 등기에 해당한다.

33　㉢ 소유권이전등기의무자의 등기기록상 주소가 신청정보의 주소로 변경된 사실이 명백한 경우에는 등기관이 직권으로 변경등기를 하여야 하므로 각하사유에 해당하지 않는다.

　　㉣ 전세권의 양도금지 특약은 등기할 수 있는 사항이다.

34　① 부동산 소재지 관할법원의 가처분명령을 받은 경우 가등기권리자는 가등기를 단독으로 신청할 수 있다.

35　㉡ 말소등기 신청시 말소등기에 대하여 이해관계 있는 제3자의 승낙이 있는 경우, 그 제3자 명의의 등기는 등기관이 직권으로 말소하여야 한다.

　　㉤ 수용으로 인한 소유권이전등기를 하는 경우, 그 목적물에 설정되어 있는 근저당권설정등기는 등기관이 직권으로 말소하여야 한다.

36　① 소유권에 대한 가압류등기는 주등기로 한다.

　　② 가압류 또는 가처분등기가 된 부동산에 대해서도 소유권이전등기를 신청할 수 있다.

　　③ 가압류등기의 말소등기는 법원의 촉탁으로 말소된다.

　　④ 금전채권을 피보전권리로 기록해야 하는 경우는 가압류등기이다.

37 ㉠ 등기관은 재결수용으로 인한 소유권이전등기를 하는 경우에 그 부동산을 위하여 존재하는 지역 권의 등기는 직권으로 말소할 수 없는 권리이다.
㉣ 등기 후 등기사항에 변경이 생겨 등기와 실체관계가 일치하지 않을 때는 변경등기를 신청하여야 한다.

38 ③ 부동산의 합유지분에 대해서는 가압류(가처분)등기를 할 수 없다.

39 ④ 구분건물의 등기기록 중 1동의 건물에는 1동 전체를 표시하는 표제부를 두고, 전유부분에는 표제 부와 갑구 및 을구를 두고 있다.

40 ③ 폐쇄한 등기기록에 대해서도 등기사항의 열람 및 등기사항증명서의 발급이 모두 가능하다. 다만, 이 경우 등기사항증명서의 매 장마다 폐쇄등기부임을 표시하여야 한다(등기예규 제1570호).

41 ② 토지의 등기기록에 별도등기가 있다는 뜻의 등기는 전유부분의 등기기록의 표제부에 하여야 한다.
③ 토지의 등기기록에 소유권이 대지권이라는 뜻의 등기가 되어 있으면, 그 토지에 대한 새로운 저 당권설정등기를 할 수 없다.
④ 등기관이 구분건물의 대지권등기를 하는 경우에 등기관은 직권으로 대지권의 목적인 토지의 등 기기록에 소유권, 지역권, 전세권 또는 임차권이 대지권이라는 뜻을 기록하여야 한다.
⑤ 구분건물 등기기록에는 1동의 건물에는 표제부를 두고 전유부분에는 표제부, 갑구, 을구를 모두 두어야 한다.

42 ③ 대지권의 표시에 관한 사항은 1동건물의 등기기록 표제부가 아닌 전유부분의 등기기록 표제부에 기록하여야 한다.

연구 집필위원

| 박윤모 | 강철의 | 양진영 | 이승현 | 김병렬 |
| 이강술 | 구갑성 | 이영진 | 최종윤 | |

제36회 공인중개사 시험대비 **전면개정판**

2025 박문각 공인중개사
합격예상문제 2차 부동산공시법령 정답해설집

초판인쇄 | 2025. 4. 5. **초판발행** | 2025. 4. 10. **편저** | 박문각 부동산교육연구소
발행인 | 박 용 **발행처** | (주)박문각출판 **등록** | 2015년 4월 29일 제2019-000137호
주소 | 06654 서울시 서초구 효령로 283 서경 B/D 4층 **팩스** | (02)584-2927
전화 | 교재 주문 (02)6466-7202, 동영상문의 (02)6466-7201

판 권
본 사
소 유

비매품
ISBN 979-11-7262-699-0 | ISBN 979-11-7262-696-9(2차 세트)

2025 박문각 공인중개사
전국 네트워크 시스템

업계 최대 규모 박문각공인중개사 학원!
박문각의 합격시스템을 전국에서 만나보실 수 있습니다.

서울 경기

강남 박문각	02)3476-3670	검단 박문각	032)565-0707
종로 박문각	02)733-2288	부천 박문각	032)348-7676
노량진 박문각	02)812-6666	분당 박문각	031)711-0019
평택 박문각	031)691-1972	안산 박문각	031)482-7090
구리 박문각	031)555-3000	이천 박문각	031)633-2980
병점 박문각	031)224-3003	시흥 배곧공인중개사	031)432-3040

충북 충남

대전 박문각	042)483-5252	천안 박문각	041)592-1335
세종 박문각	044)862-0992	청주 박문각	043)265-4001
제천 제천박문각고시	043)646-9993	충주 충주고시	043)852-3660

전북 전남

광주 박문각	062)361-8111	전주 행정고시	063)276-2000
순천 박문각	061)725-0555	익산 행정고시	063)837-9998

경북 경남

대구 서대구박문각	053)624-0070	대구 박문각	053)794-5411

강원

강릉 영동고시	033)646-5611

제주

제주 탐라고시	064)743-4393

박문각 공인중개사

합격예상문제 2차

부동산공시법령

2024 고객선호브랜드지수 1위
교육(교육서비스)부문

2023 고객선호브랜드지수 1위
교육(교육서비스)부문

2022 한국 브랜드 만족지수 1위
교육(교육서비스)부문 1위

2021 조선일보 국가브랜드 대상
에듀테크 부문 수상

2021 대한민국 소비자 선호도 1위
교육부문 1위

2020 한국 산업의 1등
브랜드 대상 수상

2019 한국 우수브랜드
평가대상 수상

박문각 공인중개사
온라인강의 www.pmg.co.kr
유튜브　　박문각 클라쓰

박문각 북스파
수험교재 및 교양서 전문
온라인 서점

방송대학TV

동영상강의 무료제공 | 방송시간표 수록

기본이론 방송 2025. 1.13(월) ~ 7. 2(수)
문제풀이 방송 2025. 7. 7(월) ~ 8.20(수)
모의고사 방송 2025. 8.25(월) ~ 10. 1(수)

비매품

14320

9 791172 626990

ISBN 979-11-7262-699-0
ISBN 979-11-7262-696-9 (2차 세트)

박문각 www.pmg.co.kr　**교재문의** 02-6466-7202　**동영상강의 문의** 02-6466-7201

04 기출문제풀이

기출문제 풀이로
출제경향 체크!

–
핵심기출문제 총 2권
회차별 기출문제집 총 2권
저자기출문제

| 핵심기출문제 |

| 회차별 기출문제집 |

| 저자기출문제 |

05 예상문제풀이

시험에 나오는
모든 문제유형 체크!

–
합격예상문제 총 6권

06 핵심마무리

단기간 합격을 위한
핵심만을 정리!

–
핵심요약집 총 2권
파이널 패스 100선

| 핵심요약집 |

| 파이널 패스 100선 |

07 실전모의고사

합격을 위한
마지막 실전 완벽 대비!

–
실전모의고사 총 2권
THE LAST 모의고사

| 실전모의고사 |

| THE LAST 모의고사 |

박문각
공인중개사

합격예상문제 시리즈

1차 부동산학개론 | 민법·민사특별법
2차 공인중개사법·중개실무 | 부동산공법 | 부동산공시법령 | 부동산세법